Das Comedy Kochbuch

Thomas Lardon (Hg.)

Das Comedy Kochbuch

Für kreative Köche und gutgelaunte Gäste

Lübbe Hardcover

Originalausgabe

Herausgeber: Lardon Media AG, Berlin
Textredaktion: Sabrina Waffenschmidt, Mirjana Parovic, Michaela Mohr
Umschlaggestaltung: Pauline Schimmelpenninck Büro für Gestaltung, Berlin
Einbandmotive: © missbehavior.de; Südwest Verlag/Jens van Soest;
Thomas Kierok; André Kowalski; WikiHoëcker plan b
Satz: F. v. Wissel, hoop-de-la, Köln
Gesetzt aus der Chaparral Pro, Letter Gothic, Frutiger LT
Druck und Einband: Himmer AG, Augsburg

Printed in Germany
ISBN 978-3-7857-2451-4

5 4 3 2 1

Sie finden uns im Internet unter: www.luebbe.de
Bitte beachten Sie auch: www.lesejury.de

Inhalt

Vorwort von Horst Lichter

Sehr geehrte Leserinnen, sehr geehrte Leser …

nein, das klingt nicht gut.

Noch mal:

Liebste Buttertörtchen und Sahnehauben (schon besser),

als ich gefragt wurde, ob ich das Vorwort zu einem Comedy-Kochbuch schreiben möchte, musste ich erst mal überlegen, ob Comedy und Kochen überhaupt zueinander passen. Hier die Kunst, Menschen zum Lachen zu bringen, und dort die Kunst, Menschen mit Gaumenfreuden ein genießerisches Lächeln ins Gesicht zu zaubern … Also, wenn man es so betrachtet, geht das nicht nur sehr gut zusammen, nein, es scheint sich sogar gegenseitig zu befruchten. Und da ich zwar nicht mit Sternen, dafür aber glücklicherweise mit einer extra Prise Humor gesegnet bin, konnte ich quasi nicht anders als zuzusagen.

In der humorigen Sparte Comedy sind laut Wikipedia »Konflikte mit der eigenen Umwelt typisches Thema«. Jetzt wird der ein oder andere Mann denken: »Ja genau, wenn ich in der Küche stehe, dann habe ich auch massive Konflikte mit meiner Umwelt!« Immerhin: Wenn einer dieser Männer meine Zeilen hier liest, dann hat er schon den ersten Schritt getan, um seine Umwelt zu besänftigen. Denn er hat sich ein Kochbuch gekauft, und er liest es sogar! Im Lotto kann man ja auch nur gewinnen, wenn man einen Schein ausfüllt und abgibt.

Aber nur, weil man nicht oder noch nicht kochen kann, soll das niemanden davon abhalten, es wenigstens zu versuchen. Und wenn am Ende des Tages ein gestandener Mann wie Horst Schroth (toller Vorname übrigens) dann doch freiheraus zugibt, dass er überhaupt und gar nicht kochen kann, dann ist auch das voll okay. Die Zeiten, in denen »Kann nicht kochen« gleichbedeutend war mit »Nix zu essen« sind ja glücklicherweise vorbei. Das wäre ja wie »Keine Arme, keine Kekse«. Entschuldigung, … dieser alte Witz ist mir jetzt so herausgerutscht. Außerdem komme ich schon wieder ins Plaudern. Das ist doch sonst gar nicht so meine Art. Ups, …schon wieder. Das muss wohl an der geballten Comedy-Power zwischen diesen Seiten liegen.

Wie dem auch sei. Ich hatte nicht nur viel Spaß beim Lesen des Buches, nein, auch die Rezepte sind allesamt klasse und zeigen immer wieder auch eine sehr schöne und persönliche Note dieser humorbegabten Jungköchinnen und Jungköche.

Und wenn jetzt der eine oder die andere sagt: Ja, schreibt der Lichter nur das Vorwort? Nicht mal ein klitzekleines Rezept? Kein Problem, Euch soll geholfen werden:

Man nehme ein Hühnerei, 5 Minuten kochen, danach kurz mit kaltem Wasser abschrecken. Das Ei im oberen Drittel köpfen und dann mit einem schönen Buttercroissant das Gelbe herausstippen und genießen. Voilà, fertig ist »œuf délicieux à la coque au petit-déjeuner avec croissant« oder wie ich immer sage: »Lecker Frühstücksei mit Croissant«! Oben drauf noch ein zartes Röschen von Johanns »Fleur de sel*« und das Wichtigste: Auf keinen Fall die Butter vergessen!

In diesem Sinne wünsche ich viel Spaß beim Lesen, Lachen und Nachkochen.

Alles Liebe, Euer Horst Lichter

* »Fleur de sel«, französisch für »Salzblume« oder wie ich immer sage: Salz!

Robert Louis Griesbach

Lab Gai – scharf bis sehr scharf

Ssssarf oder nicht so ssssarf – wenn Sie weinen, dann vor Genuss …!

»Manche mögen's ssssarf. Ich gehöre dazu. Während in vielen asiatischen Regionen schon immer ssssarf gegessen wurde, stieg hierzulande die Ssssärfelust erst in den letzten Jahrzehnten. Lange Zeit sprossen in unserem Klima nur wenige Chilisorten wie die portugiesische Piri-Piri. Mittlerweile sitzt in deutschen Blumenkästen neben dem Stiefmütterchen gerne auch mal ein Chilipflänzchen.«

Ssssärfe nimmt man nach etwas Gewöhnungszeit immer weniger stark wahr. Doch warum mutet man seinem Körper überhaupt Schmerzen beim Essen zu? Ssssärfe steigert unser Geschmacksempfinden und senkt durchs Schwitzen die Körpertemperatur. Ssssärfe löst Glückshormone aus und tötet nervige Bakterien. In der Erkältungszeit stoppt so ein Wasabi-Kick in Kürze die laufende Nase. Der Burner!

Interessant ist ja, dass Ssssärfe im Gegensatz zu den vier Geschmacksrichtungen süß, sauer, bitter, salzig, nicht nur im Mund, sondern auch an anderen Körperstellen wahrgenommen wird. Ganz fies zum Beispiel in den Augen. Schade eigentlich, denn wäre es anders, hätte der Diätwahn ein Ende: Einfach ein wenig Zucker in die Armbeuge rieseln, die Süße spüren und schon wäre der Heißhunger fort.

»Mein Lab Gai schmeckt am besten auf der Zunge und weniger im Ohr. Probieren Sie sich aus: Ob ganz mild oder lieber feurig, er schmeckt immer vorzüglich. Echt ssssarf!«

Lab Gai — scharf bis sehr scharf

Zutaten

für 4 Personen

2 EL Reiskörner
600 g Hühnerbrustfilet
Saft von 1 Zitrone
1 Stange Zitronengras
4 Zitronenblätter
3 Schalotten
1 Frühlingszwiebel
2 rote Chilischoten
2 EL Fischsauce
2 EL Zucker
2 TL Chilipaste
Junge Salatblätter
1 EL frischer Koriander
1 EL frische Minze

Zubereitung

Rohe Reiskörner in einer Pfanne ohne Fett goldgelb rösten, abkühlen lassen und im Mörser zerstoßen.

Hähnchenbrustfilet klein hacken – wie grobes Hackfleisch –, dann mit Zitronensaft mischen und ca. 10 bis 15 Minuten marinieren lassen.

Zitronengras in ca. 2 cm große Stücke schneiden, Zitronenblätter in Stücke schneiden. Schalotten schälen, Frühlingszwiebel putzen und mit den Chilischoten fein schneiden.

Hähnchenbrustfilet in einer Pfanne ohne Fett scharf anbraten, Zitronengras und -blätter zufügen und fertig garen. Mit Fischsauce, Zucker und Chilipaste würzen. Eventuell noch etwas Zitronensaft hinzufügen und abkühlen lassen, bis es lauwarm ist. Zitronengrasstücke und -blätter entfernen.

Hähnchenfleisch mit Schalotten, Frühlingszwiebeln und Chilischoten vermischen, auf den Salatblättern anrichten, mit den gerösteten Reiskörnern bestreuen und mit Koriander und Minze garnieren.

Tipp

Die Mengenangaben bei Fischsauce, Chilis und Chilipaste dienen nur als Richtwerte. Hier gilt: jedem das Seine – etwas scharf, mittelscharf oder höllisch scharf.
Ganz nach Belieben!

Horst Schroth

Rinderrouladen mit Tiroler Bauernknödeln

In anderer Menschen Küche ist es leicht zu kochen. Vor allem, wenn die anderen kochen.

»Ich esse gern, aber ich kann selbst nicht kochen. Ich habe es mal versucht, doch das Endprodukt haben wir dann unserem Hund gegeben. Der hat die Nase gerümpft und es an die Katze weitergereicht. Die wollte es auch nicht essen, also haben wir es weggeschmissen und sind ins Restaurant gegangen. Trotzdem habe ich hier ein ganz tolles Rezept – das natürlich am besten schmeckt, wenn es andere für mich zubereiten.«

Glücklicherweise gibt es im Internet unzählige Heimvideos mit Anleitungen für die Zubereitung von Rinderrouladen im Internet. Da wird dann geklopft, gewickelt und gebunden. Eigentlich wie in einem guten Krimi. Tatort in diesen Videos sind meist zwielichtige Küchen, eine Stimme außerhalb des Bildes redet wirres Zeug und die Kamera wackelt immer ein bisschen zu wild auf und ab.

»Wenn ich es mir recht überlege, bleibe ich doch lieber beim Bekochenlassen. Ich schaue derweil Rouladenzubereitungskrimis und trinke dazu einen Marillenbrand. Das Happy End kenne ich auch schon: Satt und zurückgelehnt sitze ich mit meinen Lieben am Tisch, daneben liegen ein glücklicher Hund und eine zufriedene Katze. Na ja, die Rinderroulade hatte natürlich nicht ganz so viel Glück ...«

Rinderrouladen mit Tiroler Bauernknödeln

Zutaten

für 6 Personen

4 Zwiebeln
9 Scheiben Frühstücksspeck
3 Gewürzgurken
2 EL mittelscharfer Senf
6 Rinderrouladen
3 EL Butterschmalz
1 ½ EL Tomatenmark
¾ l Rotwein
150 ml Sahne
Salz
Pfeffer

Tiroler Bauernknödel

10 altbackene Brötchen
50 g Butter
4 Eier
Salz
250 ml Milch
1 Zwiebel
2 EL Petersilie
1 EL Butter
2 EL Semmelbrösel
1 EL Mehl

Zubereitung

Zwiebeln schälen und klein schneiden. Speck und Gurken fein würfeln. Beides mit der Hälfte der Zwiebeln und dem Senf vermischen. Rouladen flach klopfen und mit der Mischung bestreichen. Aufrollen und mit Spießchen fixieren oder mit Baumwollgarn fest einwickeln.

Schmalz in einem Bräter erhitzen, Rouladen rundum kräftig anbraten. Restliche Zwiebeln mitbraten, Tomatenmark kurz mit anrösten, mit ½ l Rotwein ablöschen und zugedeckt 20 Minuten schmoren lassen.

Restlichen Rotwein zugießen und weitere 40 Minuten garen lassen. Rouladen herausnehmen, warm stellen. Sauce einreduzieren lassen, mit Sahne verfeinern und mit Salz und Pfeffer abschmecken.

Tiroler Bauernknödel

Brötchen in kleine Würfel schneiden und in der heißen Butter anrösten. Eier und eine Prise Salz in der Milch verquirlen. Die Mischung über die Brötchenwürfel gießen und alles gut durchziehen lassen.

Zwiebel schälen, Petersilie waschen, beides fein hacken und in 1 EL Butter anrösten. Mit Semmelbrösel und Mehl zu den Brötchen geben und alles gut durcharbeiten.

Aus der Masse nicht zu große Knödel formen, in kochendes Salzwasser legen und etwa 5 bis 10 Minuten ziehen lassen.

Tom Gerhardt

Bergarbeiter-Teller – Kartoffelpüree
mit Bratwurst und Wirsing

Kartoffeln sind das halbe Leben

»›Haste Hunger, Jung?‹ – ›Oma, heute nicht so viel …‹ – ›Ach Quatsch, bist doch groß … du passt ja kaum durch die Tür … da musst du auch viel essen‹ … und KLATSCH! kriegte ich von meiner Großmutter selig einen Bergarbeiter-Teller aufgetischt, übervoll mit Kartoffelpüree, Wirsing und einer riesigen Bratwurst, die die Hälfte des Tellers umrahmte.

Ich nenne ihn Bergarbeiter-Teller, weil meine Oma aus einer Großfamilie in Bottrop kam und so manch einer der Männer als gestandener Kumpel hart unter Tage malochte. Und wenn einer von denen aus der Grube nach oben kam und einen Bärenhunger mitbrachte, kriegte er eben so eine Riesen-Portion.

Das alles aufzuessen, war kaum zu schaffen. Und wenn ich es doch geschafft hatte, war schon Omas Arm mit der Kelle da und wuchtete mir neues Kartoffelpüree auf den Teller. Auch wenn ich schon total satt war – es schmeckte einfach fantastisch: ein ganz feiner Kartoffelgeschmack, durch gute Butter, reichlich Milch und Gewürze veredelt, den ich noch heute auf der Zunge habe.

Ob Salzkartoffeln, Kartoffelpüree, Bratkartoffeln, Kartoffelscheiben oder Kartoffelsuppe – meine Oma, die Königin der Kartoffeln, hatte einen Grundsatz: ›Kartoffeln sind das halbe Leben!‹ Sie pflegte auch zu sagen: ›Ordnung ist das halbe Leben‹ – womit das Leben ja eigentlich schon erschöpft war.

Ich meine, sie hatte recht: Nehmt mir alles Fleisch der Welt – ich werde es sehr schade finden. Nehmt mir den Fisch – ich werde der Forelle Müllerin nachtrauern. Nehmt mir die Nudeln – ich komme damit schon klar. Aber Finger weg von meinen Kartoffeln! Oder es gibt Krieg.«

Bergarbeiter-Teller – Kartoffelpüree mit Bratwurst und Wirsing

Zutaten

für 4 Personen

1 kg mehligkochende Kartoffeln
Salz
250 ml heiße Milch
50 g Butter
Pfeffer
Muskat

Wirsinggemüse

1 Wirsing (500 g)
Salz
1 EL Butter
1 TL Salz
Pfeffer
1 Prise Muskat

Bratwürste

4 frische Bratwürste
1 EL Butterschmalz oder Öl

Zubereitung

Kartoffeln schälen, waschen und in Salzwasser gar kochen. Abgießen, abtropfen lassen und durch eine Kartoffelpresse drücken oder mit einem Stampfer fein zerdrücken. Milch und Butter nach und nach unterrühren. Mit Salz, Pfeffer und Muskat abschmecken. Ist das Püree zu fest, noch etwas Milch zufügen.

Wirsinggemüse

Wirsing vierteln, Blätter ablösen und jeweils den Strunk entfernen Die Blätter in nicht zu kleine Stücke schneiden und 2 Minuten in Salzwasser blanchieren. Abgießen, kalt abspülen und auf Küchenpapier trocknen. Butter in einer Bratpfanne erhitzen und den Wirsing darin anbraten, bis er Farbe nimmt. Mit Salz, Pfeffer und Muskat würzen.

Bratwürste

In einer Pfanne Butterschmalz oder Öl erhitzen und die Bratwürste darin goldbraun braten.

Die Würste mit Kartoffelpüree und Wirsing auf Tellern anrichten. Dazu Senf reichen.

Jürgen von der Lippe

Candle-Light-Dinner to go

Nach einem romantischen Dinner im Kerzenschimmer landet man hoffentlich im Doppelzimmer!

»Das Wort Vegetarier kommt ursprünglich aus dem Indianischen. Es bedeutet: ›Der, der nach der Jagd mit leeren Händen heimkommt.‹ Heutzutage gibt es diese Schmach nicht mehr, schließlich bekommt man fast alles, überall und jederzeit to go.«

Angefangen hat es mit dem »Coffee to go«. Auf einmal sah man Menschen mit braunen Pappbechern und einer Art Schnabeltassenaufsatz aus Plastik durch die Straßen eilen. Während die einen den Untergang des Abendlandes voraussahen, freuten sich die anderen bereits über das Brötchen im Running-Bag.

Mittlerweile beinhaltet die To-go-Kultur doch einige sehr bemerkenswerte Produkte. Es gibt »Kultur to go« und »Schule to go«. Es gibt sogar »Gold to go«. Das Skurrilste ist wohl ein »Slip to go«. Der kommt wahrscheinlich nach dem »Sex to go« zum Einsatz.

Wo bleibt da die Romantik? Genau der soll das folgende Rezept auf die Sprünge helfen. Avocado und Kaviar steigern die Lust, Wein und Kerze sorgen für eine knisternde Atmosphäre. Genau das Richtige, um die Welt zu zweit ein bisschen zu entschleunigen. Küche to go, aber ein Gericht zum Bleiben.

Candle-Light-Dinner to go

Zutaten

für 2 Personen

1 Avocado
1 Messer
50 g Forellenkaviar
1 Limone
1 Mühle mit weißem Pfeffer
2 Löffel
1 Teelicht
1 Flasche Weißwein
bzw. 2 Piccolos

Zubereitung

Avocado mit dem Messer halbieren und entkernen.

Je die Hälfte Kaviar in jede Kernmulde füllen und jeweils eine halbe Limone darüber auspressen. Abschließend mit frisch gemahlenem Pfeffer würzen.
Das Ganze dauert 3 Minuten.

Das Fruchtfleisch wird zusammen mit dem Kaviar aus der Schale gelöffelt.

Nicht vergessen: Die Kerze anzünden und einen guten Tropfen dazu servieren!

Tipp

Eine reife Avocado muss auf Druck ein wenig nachgeben.

Gayle Tufts

Jakobsmuscheln in feiner Knoblauchcreme

Very, very köstlich!

»Jakobsmuscheln sind klein, fein und unglaublich lecker. Ich bin am Meer aufgewachsen und denke jedes Mal wieder an den Sommer am Strand. Muscheln bedeuten für mich Heimat. Das ist ein bisschen wie bei den Deutschen und ihrem geliebten Brot. Haben Sie das einmal erlebt? Sie nehmen einen Deutschen, setzen ihn irgendwo auf diesen Planeten, wo es atemberaubend schön ist – Timbuktu, Taj Mahal, Tahiti. Er schaut sich um, erkennt die Schönheit, aber sagt: Es gibt kein gutes Brot. Das Wetter war super, aber es gab kein gutes Brot. Die Menschen waren so nett, aber es gab kein gutes Brot. Das muss man an den Deutschen lieben: Gibt man ihnen eine Scheibe Pumpernickel, sind sie glücklich.

Jakobsmuscheln machen mich glücklich. Kein Wunder, sagt man ihnen doch nach, sie würden die Liebe anregen. Sie sollen jung halten, denn wissen Sie, was das Ding ist am Altwerden? Es hört nie auf. Folglich sollte man nie aufhören, Jakobsmuscheln zu essen. Das Zubereiten der Muscheln erinnert mich aber auch an manche Begegnung mit den Deutschen: Im ersten Moment ein wenig schwer und verschlossen, muss man nur ein wenig sanft dran rütteln, und sie öffnen ihr Inneres. Aber das Wichtigste: Sie sind so unheimlich lecker. Also die Muscheln. Wie ich sagte, Jakobsmuscheln sind Heimat – die alte und die neue.«

Jakobsmuscheln in feiner Knoblauchcreme

Zutaten

für 4 Personen

6 mehligkochende Kartoffeln
1 Knolle Knoblauch
1 Zwiebel
2 EL Öl zum Braten
2 l Brühe oder Fischfond
2 EL Olivenöl
16 Jakobsmuscheln
2 Becher Sahne
Salz
Pfeffer

Zubereitung

Kartoffeln, Knoblauch und Zwiebel schälen und grob klein schneiden. Alles in einem mittelgroßen Topf in nicht zu heißem Öl glasig anbraten. Mit dem Fond auffüllen und 20 Minuten gar kochen.

Olivenöl in einer beschichteten Pfanne erhitzen und die Jakobsmuscheln von beiden Seiten leicht andünsten und warm stellen.

Sahne zu dem Knoblauchsud geben und mit dem Pürierstab fein pürieren. Falls die Creme zu dick ist, noch etwas Flüssigkeit zugeben. Mit Salz und Pfeffer abschmecken.

Jakobsmuscheln in tiefe Pastateller setzen und mit der Knoblauchcreme auffüllen, sodass sie noch etwas herausschauen.

Tipp

Die Jakobsmuscheln nur kurz dünsten, denn sie garen in der Knoblauchcreme noch nach.

Für die besondere Deko: Einige Lauchstangen kurz anbraten und sie zusammen mit den Jakobsmuscheln anrichten. Dann die Knoblauchsauce darübergeben.

Ingo Appelt

Zürcher Geschnetzeltes à la Appelt

Ein eingedeutschtes Schweizer Nationalgericht

»Wie schon Herr Hallervorden einst so schön sagte: ›Wiedervereinigung ja, aber mit der Schweiz!‹ Genau das mache ich in meinem Lieblingsrezept. Ich verschmelze ein Schweizer Nationalgericht mit bewährten appeltschen Rezeptideen.«

Die Schweizer würden sich wahrscheinlich über den Blätterteig wundern:
»Sie, Herr Appelt, was isch do drin? Das stoht aber nöd im Rezept.«

Die Schweizer Küche ist im Allgemeinen großartig. Das Beste sind die Namen ihrer Mahlzeiten. Dort knackt und knarrt es: Zmorge, Znüni, Zmittag, Zvieri und Znacht. Natürlich mit langgezogenem Vokal in der Mitte. Zmorge ist das Frühstück, Zmittag das Mittagessen und Znacht das Abendessen. Znüni und Zvieri sind kleine Zwischenmahlzeiten. Gepriesen sei die Schweizer Gemütlichkeit! Diese Zwischenverpflegungen werden in der Schweizer Armee übrigens inoffiziell als Zwipf bezeichnet. Tatsächlich gibt es nur eine Mahlzeit, die ohne Z auskommt – es ist das Bettmümpfeli und wird nach dem Abendessen oder vor dem Zubettgehen genascht.

Zürcher Geschnetzeltes à la Appelt

Zutaten

für 6 Personen

1 Paket TK-Blätterteig
2 Zwiebeln
200 g Champignons
550 g Kalbsgeschnetzeltes
Fett zum Braten
300 g Tomaten
2 Knoblauchzehen
1 Bund Petersilie
1 Bund Estragon
Salz
Pfeffer
Muskat
2 EL mittelscharfer Senf
¾ l Sahne

Zubereitung

Blätterteig nach Packungsanleitung auftauen lassen.

Zwiebeln schälen und fein würfeln. Champignons putzen und in Scheiben schneiden.

Fleisch, Zwiebeln und Champignons getrennt nacheinander in einer Pfanne in heißem Fett kurz anbraten (das Bratfett abgießen) und in eine Auflaufform füllen.

Tomaten waschen und würfeln, Knoblauch schälen und durchpressen. Petersilie und Estragon waschen und fein hacken.

Tomaten, Knoblauch und die Kräuter in die Auflaufform geben. Mit Salz, Pfeffer, Muskat und Senf würzen, Sahne dazugießen und umrühren. Das Ganze mit Blätterteig bedecken und bei 160 °C (Umluft: 140 °C) ca. 45 Minuten backen, bis der Blätterteig schön aufgegangen ist.

Tipp

Statt mit Kalbfleisch lässt sich das Geschnetzelte auch mit Hühnerbrustfilet zubereiten.

Sissi Perlinger

Sissis Turbo-Universal-Salat

Schmeckt oberlecker, ist supergesund und gut für die Linie.

»Mein Terminkalender ist immer gut gefüllt. Früher tanzte ich manchmal auf fünf Hochzeiten gleichzeitig. Eines Morgens kam dann der Schock: Ich hatte zwei Düsenflieger im Ohr. Tinnitus. Burnout. Es ging nichts mehr.

Durch den Tinnitus habe ich ein Jahr lang kaum geschlafen, zu quälend war das Pfeifen. Es war ein Jahr, in dem ich durch die Hölle ging. Während dieser Krise hat mir vor allem ein Gedanke geholfen: Ich liege in Gottes Hand. Innerhalb von drei Jahren bin ich den Tinnitus mit Hilfe von autogenem Training und Therapie endlich losgeworden und habe festgestellt, dass ich eine Applauszeit und eine Auszeit brauche.

Heute weiß ich, dass die Krise das Beste war, was mir passieren konnte. Denn sie hat mich dahin geführt, wo ich heute bin, und ich kann sagen, dass ich ein sehr glücklicher Mensch bin.

Kochen und Essen sind wunderbare Dinge, um sich eine Auszeit im Alltag nehmen zu können. Der »Turbo-Universal-Salat« ist mein liebstes Mittagessen. Ich tunke mein Brot einfach in das Dressing, brauche also weder Butter noch fetten Käse dazu, und wenn Kartoffeln dabei sind, noch nicht einmal Brot. Wenn Sie es sich erlauben können, hauen Sie gerne noch viel Knoblauch rein. Vor einer romantischen Liebesnacht aber sollte man es doch lieber lassen. Überhaupt kann man mit den Zutaten ständig experimentieren. Ich liebe meinen Salat, denn er ist schnell zubereitet, gesund, frisch und vitaminreich. Und eine kleine Auszeit.«

Sissis Turbo-Universal-Salat

Zutaten

Für das Dressing

2 EL Balsamico
3 EL Olivenöl
1 TL Weißwurstsenf
1 Msp. grüne Thaicurry-Paste
Salz
Pfeffer
2 EL Zaziki
1 TL Tahini

Salatzutaten nach Wunsch, z. B.

1–2 Chicorée
1 frische grüne Chilischote
½ milde Salatzwiebel
2 EL Sonnenblumenkerne

Zubereitung

Für das Dressing Essig, Öl, Senf und Thaicurry verrühren und mit Salz und Pfeffer abschmecken. Zaziki und Tahini unterrühren.

Chicorée putzen und vierteln. Den bitteren Kern entfernen und in schmale Streifen schneiden. Chilischote klein schneiden, Zwiebel schälen und in Ringe schneiden.

Salat mit Sonnenblumenkernen, Chili und Zwiebeln in einem tiefen Teller anrichten und mit dem Dressing begießen. Dazu passt wunderbar frisches Brot.

Tipp

Natürlich können Sie das Dressing auch mit anderen Zutaten kombinieren. Gekochte Rote Bete und rohe Champignons etwa oder Rucola und Möhrenscheiben. Nehmen Sie einfach alles, was Ihnen schmeckt.

Sascha Grammel

Lasagne

Kommt auf den Tisch 'ne Nudel, eilt sogleich das hungrige Rudel.

»Was dem Chinesen sein Pergament, war dem Spandauer schon im 11. Jahrhundert sein Nudelteig. Sie schrieben ihre ersten Briefe auf platt gewälzten Teigrollen. Vorteil: Man konnte sich nach dem Lesen gleich mal am Buch satt essen. Daher auch der Ausdruck des Bücherverschlingens. Mehrere übereinander geschichtete Teigplatten (heute irrtümlich Lasagne genannt) waren also die ersten ›Nudel-Bücher‹.

Selbst in Berlin-Spandau aufgewachsen, bin ich selbstverständlich stolz auf dieses Kulturerbe der Spandauer. Außerdem: Jeder liebt Pasta. Jeder ist in der Lage, Pasta zu kochen.«

Doch Vorsicht! Natürlich gibt es auch beim Nudelkochen goldene Regeln zu befolgen. Die Italiener haben ein Sprichwort, das besagt, dass die Pasta nicht auf die Gäste wartet, sondern umgekehrt. Die Nudeln werden also erst ganz am Schluss gekocht. Für Nudeln al dente zwischendurch einfach ein paar aus dem Topf probieren. Die Italiener sagen zwar, man könne perfekt gegarte Nudeln singen hören, doch das ging bisher wohl an meinen Ohren vorbei. Die letzte Regel: Das Salz erst ins Wasser geben, wenn es kocht, sonst dauert es ein paar Minuten länger bis zum Siedepunkt.

Und wissen Sie, was das Beste an Lasagne ist? Sie können diese Tipps gleich wieder vergessen, denn die Nudel-Bücher müssen überhaupt nicht in den Topf …

Lasagne

Zutaten

für 4 Personen

2 Zwiebeln
1 Knoblauchzehe
3 EL Öl
500 g gemischtes Hackfleisch
125 ml Rotwein
2 Dosen Tomatenstücke (à 425 g)
Salz
Pfeffer
Zucker
1 TL getrockneter Oregano
50 g Butter
50 g Mehl
700 ml Milch
Muskat
250 g Mozzarella
50 g Parmesan
1 Paket Lasagneblätter

Zubereitung

Für die Tomaten-Hack-Sauce: Zwiebeln und Knoblauch schälen und fein würfeln. 2 EL Öl in einem weiten Topf erhitzen und das Hackfleisch krümelig und hellbraun anbraten. Zwiebeln und Knoblauch zugeben und 2 Minuten mitbraten. Mit Rotwein ablöschen. Tomaten zugeben, kurz aufkochen und mit Salz, Pfeffer, einer Prise Zucker und Oregano würzen und beiseitestellen.

Für die Béchamelsauce: Butter in einem Topf zerlassen, Mehl einrühren, bis es Blasen wirft. Milch nach und nach unter ständigem Rühren zugeben und dann bei kleiner Hitze ca. 10 Minuten kochen lassen. Mit Salz, Pfeffer und Muskat abschmecken.

Mozzarella würfeln und Parmesan fein reiben. Eine Auflaufform (20 x 20 cm) mit 1 EL Öl einfetten.

4 EL der Hacksauce in der Form verteilen. 2 Lasagneblätter darauflegen. ¼ der restlichen Hacksauce und je ¼ Béchamelsauce, Mozzarella und Parmesan auf den Blättern verteilen. Den Vorgang wiederholen, bis alle Zutaten verarbeitet sind. Auf jeden Fall mit einer Schicht Béchamelsauce und Käse abschließen.

Die Lasagne im vorgeheizten Backofen bei 190 °C (Ober- und Unterhitze) auf der mittleren Schiene ca. 30 Minuten goldbraun backen.

Tipp

Béchamelsauce gibt es in verschiedensten Varianten, beispielsweise kann die Hälfte der Milch durch Gemüsebrühe ersetzt werden.

Thomas Reis

Rehrücken mit Thüringer Klößen

Liebe geht durch den Magen! Daher habe ich schon als Kind Bambi geliebt.

»Als passionierter Fleischfresser komme auch ich mal in moralische Nöte. Sicher, auf der Bühne habe ich stets postuliert: Ich möchte gerne mal was Sinnvolles machen, was Soziales, was mit Tieren, Metzger vielleicht... Aber angesichts tierischer Massenverschrottung und Hormonmast stößt dies soziale Engagement an Grenzen. Da bleibt nur noch wildes Wild oder ein im Kampf gefallener Stier – der schmeckt auch enorm lecker, ist hierzulande aber kaum erhältlich. Kurze Rede, langer Sinn: die archaische Jagd oder auch der Stierkampf, das ist noch Individualität im Zeitalter der Kalbsleberwurst!«

Fatal für den Fleischfresser wäre es, diesen Rehrücken mit der traditionell österreichischen Mehlspeise mit dem gleichen Namen zu verwechseln. Die hat aufgrund der äußerlichen Ähnlichkeit zur Fleischspeise den Namen vielmehr gestohlen. Zum Rehrücken gibt es Thüringer Klöße. Die sind so lecker, dass ihnen im Städtchen Meiningen jedes Jahr ein ganzes Fest gewidmet wird. Einer Sage nach trank nämlich die Göttin Holle beim Besuch in Meiningen sauren Wein und war so erzürnt darüber, dass sie mit einem späten Frost alle Weinreben im Land erfrieren ließ. Aus Mitgefühl aber schenkte sie ihnen die Kartoffel und gab ihnen das Rezept für den Kartoffelkloß.

Archaische Jagd und der Segen einer Göttin – mehr kann man von einer Leibspeise nicht erwarten!

Rehrücken mit Thüringer Klößen

Zutaten

für 6 Personen

2 kg Rehrücken
1 l Buttermilch
½ l Rotwein (z. B. badischer Spätburgunder)
1 TL Thymian
1 TL Rosmarin
1 TL Salz
1 TL Pfeffer
4 Scheiben Speck
3 EL Butter
½ l Wildfond
1 Glas Schattenmorellen
2 Becher Sahne
2 EL Johannisbeergelee

Thüringer Klöße

für 4 Personen

3 kg mehligkochende Kartoffeln
Salz

Zubereitung

Rehrücken in einen großen Topf oder eine Schüssel legen, mit Buttermilch und ¼ l Rotwein bedecken und für 24 Stunden an einem kühlen Ort zugedeckt ruhen lassen.

Thymian, Rosmarin, Salz und Pfeffer mischen. Fleisch trockentupfen und mit der Gewürzmischung einreiben.

Rehrücken auf den Speckscheiben in den Bräter legen und auf dem Herd scharf anbraten. Speck entfernen, Butter und Wildfond dazugeben und im auf 100 °C vorgeheizten Backofen etwa 2 ½ Stunden garen. In dieser Zeit den Rehrücken etwa alle 20 Minuten mit dem restlichen Rotwein und den Sauerkirschen begießen.

Wenn der Rehrücken gar ist, den Bratensaft in einen Topf geben und mit Sahne, Rotwein und Johannisbeergelee abschmecken.

Tipp

Dazu passen Thüringer Klöße, Preiselbeeren, Mango-Apfel-Rotkohl und Pfifferlinge.

Thüringer Klöße

Die Hälfte der Kartoffeln schälen, waschen, gut abtropfen lassen und mit einer Reibe fein reiben. Dann in einem Geschirrtuch gründlich auspressen, Kartoffelsaft dabei auffangen, die später benötigte Kartoffelstärke setzt sich dabei unten ab.

Restliche Kartoffeln schälen, waschen und in Würfel schneiden. In einem Topf in Salzwasser gar kochen. Mit einer Kartoffelpresse oder einem Kartoffelstampfer zu einem dickflüssigen Brei verarbeiten. 2 gehäufte TL Salz dazugeben.
Der Brei darf nicht zu dünn sein, aber auch nicht so dick wie Kartoffelpüree.
Er sollte im Topf blubbern, wenn Luftblasen aufsteigen.

In einem großen Topf reichlich Salzwasser zum Kochen bringen.

Kartoffelstärke aus dem Kartoffelsaft und den heißen Kartoffelbrei zu den ausgepressten Kartoffeln geben und gut verrühren, bis sich ein zäher Teig ergibt, der sich blasig vom Topfrand löst. Eventuell etwas heißes Wasser zugeben.

Aus dem Teig Klöße formen und im nicht mehr kochenden Wasser ca. 15 Minuten gar ziehen lassen

Tipp

Wer ganz sichergehen will, dass die Thüringer Klöße gelingen, kann zu den geriebenen Kartoffeln noch 1 gehäuften EL Speisestärke geben.

Serdar Somuncu

Manti – Türkische Ravioli

Ein super Sommergericht!

Teigtaschen gibt es nahezu in jeder Landesküche. Zu den bekanntesten zählen natürlich die italienischen Ravioli. Gefüllt mit Gemüse, Fleisch oder Käse und außen gezackt. Hierzulande mag man es dicker. Der Inhalt der schwäbischen Maultasche ist innen sehr kompakt und außen einmal umgeklappt. In Österreich gibt es die »Kärntner Nudel«, die in allen möglichen süßen und herzhaften Variationen vorkommt. Der gezackte Rand ist auch ihr Kennzeichen. Darüber hinaus gibt es die »Tiroler Schlutzer«, die wiederum in Italien den Namen »Ravioli Tirolesi« tragen.

Weiter östlich isst man die berühmten »Piroggen«, die sich von Region zu Region jedoch stark unterscheiden. In Russland werden die kleinen »Pelmeni« serviert. »Wareniki« gibt es in der Ukraine und sind traditionell als Halbmond geformt. In China werden »Jiăozi« und »Wan Tan« gegessen, letzte gern frittiert.

»Meine Lieblingsteigtaschen sind die türkischen ›Manti‹. Sie sind typisch anatolisch und schmecken nach Heimat. Klein und rund sind sie mit einem Happs ganz schnell im Mund verschwunden. Vor allem im Sommer – ein super Gericht!«

Manti – Türkische Ravioli

Zutaten

für 4 Personen

2 Eier
250 g Mehl
1 TL Salz
50 – 100 ml Wasser
1 Zwiebel
300 g mageres Hackfleisch
Salz
Pfeffer
Kümmel
Paprikapulver

Zubereitung

Aus Eiern, Mehl, Salz und Wasser einen Nudelteig herstellen, diesen ordentlich kneten, er sollte nicht kleben. Dann abgedeckt ca. 30 Minuten ruhen lassen.

Zwiebel schälen, reiben und zum Fleisch geben, mit Salz, Pfeffer, Kümmel und Paprikapulver würzen und alles mit den Händen gut vermischen.

Nudelteig 2 mm dünn ausrollen und in 1,5 x 1,5 cm große Quadrate schneiden (am besten mit Nudelholz und Pizzarad).

Auf die Quadrate etwas von der Füllung geben und sie dann falten: Die Ecken zur Mitte hoch zusammendrücken, sodass eine kleine Pyramide entsteht, und die Ränder zudrücken, damit die Füllung beim Kochen nicht herausfällt. Die Teigpyramiden dann zum Trocknen auf ein Blech legen.

2 l Salzwasser zum Kochen bringen, die Manti vorsichtig hineingleiten lassen und kochen, bis sie weich sind, je nach Größe etwa 12 Minuten. Dann abgießen.

Tipp

Serviert werden die Manti mit Knoblauchjoghurt und scharfer Buttersauce: Dafür 1 EL Butter schmelzen und scharfes Paprikapulver einrühren.

Gabi Decker

Königsberger Klopse klassisch ostpreußisch

Königsberger Klopse sind nicht schwierig, aber anspruchsvoll. Hier verrate ich Ihnen, wie man sie richtig zubereitet.

»Nur wenige Menschen sind heute noch in der Lage, eine Mehlschwitze zuzubereiten. Zugegeben, es gehört ein wenig Übung dazu, die richtige Sämigkeit hinzubekommen, doch die meisten wissen noch nicht einmal, was in so eine Mehlschwitze überhaupt hineingehört. Und die Mehlschwitze ist nicht allein. Viele andere Saucen sind ebenfalls vom Aussterben bedroht.«

Ersetzt werden sie durch Fertigsaucen aus Dose, Tüte, Glas, die Einzug in die Supermärkte gehalten haben. Und damit in viele Küchen. In diesen findet sich auch häufig dubioses Pulver in allen Regenbogenfarben. Durch Hinzufügen eines ganzen Stücks guter Butter mutiert die sogenannte Sauce dann zu einer wahren Kalorienbombe. (Übrigens: Wussten Sie, dass Kalorien kleine, miese Tiere sind, die einem über Nacht die Klamotten enger nähen?) Kalorienbomben, Farbstoffe, Geschmacksverstärker. Bei der scheinbar endlosen Aufzählung der E's auf einer Verpackungsrückseite – die sogenannten E-Nummern – wird einem doch schwindlig. Diese heimtückischen E's klammern sich direkt an unsere Geschmacksrezeptoren und sind so übermächtig, dass sie heute neben den üblichen vier Geschmacksrichtungen süß, sauer, salzig, bitter sogar zu einem fünften Geschmack mit dem Namen Umami zählen.

»So, deshalb ist es mir wichtig, Ihnen ein Rezept ganz ohne diesen gesamten Klimbim vorzustellen. Wer meine Klopse kennt, liebt sie und vergisst sie nie. Natürlich werden sie mit einer echten Mehlschwitze serviert ...«

Königsberger Klopse klassisch ostpreußisch

Zutaten

für 6 Personen

1,5 kg Kartoffeln
2 Brötchen
2 Zwiebeln
700 g gemischtes Hackfleisch
3 kleine Eier
Salz
Pfeffer
3 EL Butter
3–4 EL Mehl
100 ml Milch
3–4 große Kellen Klopsbrühe
1 Glas Kapern
Saft von 1 Zitrone

Zubereitung

Kartoffeln schälen und in Salzwasser weich kochen.

Brötchen in Wasser einweichen und ausdrücken, Zwiebeln schälen und klein hacken.

Hackfleisch in einer Schüssel mit Brötchen, Zwiebeln und 2 Eiern gut verkneten und mit Salz und Pfeffer würzen.

In einem großen Topf Salzwasser zum Kochen bringen. Aus dem Hackfleisch Bällchen von ca. 7 cm formen und ins heiße Wasser geben. Wenn sie gar sind, schwimmen sie oben.

Für die Mehlschwitze in einem großen Topf Butter schmelzen (sie darf nicht braun werden). Schnell das Mehl mit einem Schneebesen einrühren, Milch zugeben und alles zu einer cremigen Masse verrühren. Nach und nach Brühe kellenweise zugeben und jedes Mal cremig rühren.

Kapern mit Kapernbrühe und Zitronensaft vermischen, 1 Ei zugeben und alles gut verrühren. Mit Salz und Pfeffer abschmecken. Die Klopse in die Sauce legen und mit den Kartoffeln servieren.

Tipp

Gurkensalat passt hervorragend zu diesem Klassiker.

John Doyle

Traditionelles Thanksgiving-Menü

Happy Thanksgiving!

»Ich wohne seit zwanzig Jahren in Deutschland und wundere mich noch immer über die unterschiedlichen Essgewohnheiten der Deutschen und der Amerikaner. Am Anfang fand ich es als Amerikaner schwierig, auf Handfeuerwaffen und McDonald's zu verzichten, aber mit der Zeit wurde es leichter. Ich musste mir nur sagen: Nein John, du gehst heute nicht wieder zu McDonald's. Das hast du schon fünf Mal diese Woche gemacht. Diesmal holst du etwas Deutsches: einen Döner.«

Typisch deutsch ist auch die vierte Mahlzeit neben Frühstück, Mittagessen und Abendbrot: Kaffee und Kuchen. Es gibt in Deutschland so viele leckere Kuchen. An einer Schwarzwälder Kirschtorte kann man sich sogar betrinken. Die Deutschen haben auch unheimlich viele Worte für Zwischenmahlzeiten. Während die Amerikaner einfach Snack sagen, heißt es in Deutschland Vesper, Jause, Imbiss. Es gibt die Brotzeit und das Pausenbrot. Manche essen ein zweites Frühstück, andere ein Gabelfrühstück. Im Norden heißt es Fofftein. Wer soll da noch durchblicken?

»Aber auch wenn ich deutsches Essen wirklich mag, serviere ich meinen Gästen am liebsten einen knusprigen Truthahnbraten. Turkey erinnert mich an meine Kindheit in Amerika, an Thanksgiving und an Christmas. Und das Tolle an einem solch großen Essen: Wenn die Pute groß genug ist, bleiben immer leckere Reste für mindestens eine Woche übrig. Sollte der Braten mal zu klein geraten sein, serviert man zum Nachtisch am besten Apple Pie, der kann es sogar mit der Schwarzwälder Kirschtorte aufnehmen.«

Traditionelles Thanksgiving-Menü

Zutaten

für 12 Personen

1 kleines Maisbrot
2 Zwiebeln
2 säuerliche Äpfel
1 Bund Stangensellerie
1 Bund Petersilie
100 g Geflügelleber
250 ml Instant-Hühnerbrühe
1 Truthahn oder Pute, 8 – 10 kg
3 Knoblauchzehen
Olivenöl
Salz
Pfeffer
Paprikapulver
Mehl
¼ l Orangensaft
¼ l Weißwein
5 EL Preiselbeeren
Saucenbinder

Außerdem

Bratschlauch
Zahnstocher

Quetschkartoffeln

3 kg Kartoffeln
Grobes Meersalz
Kümmel
Öl zum Braten

Zubereitung

Für die Füllung Brot fein würfeln und in eine große Schüssel geben. Zwiebeln und Äpfel schälen, Sellerie putzen und alles fein würfeln. Petersilie waschen und hacken, Leber fein schneiden. Alles mit den Brotwürfeln und der Hühnerbrühe mischen, eventuell noch würzen und beiseitestellen.

Truthahn gründlich abspülen und trockentupfen. Mit der Füllung stopfen und zunähen, mit Zahnstochern verschließen. Knoblauch schälen und durchpressen. Mit Olivenöl und den Gewürzen nach Geschmack mischen und den Vogel damit einmassieren.

Truthahn im Bratschlauch auf eine Fettpfanne setzen, in den Schlauch etwas Mehl streuen, oben mehrfach einschlitzen und verschließen. Im vorgeheizten Backofen bei 180 °C braten. Je nach Gewicht 2 ½ bis 3 ½ Stunden.

Bratensaft in einen Topf geben, Fett abschöpfen. Orangensaft, Weißwein und Preiselbeeren zugeben und aufkochen lassen. Mit Salz und Pfeffer abschmecken. Nach Bedarf mit Saucenbinder abbinden.

Tipp

Klassisch nimmt man für die Füllung Maisbrot. Als Ersatz eignet sich Toastbrot – hier braucht man ca. 10 Scheiben.

Tipp

Falls kein Bratschlauch vorhanden ist, Truthahn während der Garzeit immer wieder mit der Olivenölmischung bepinseln.

Quetschkartoffeln

Kartoffeln waschen und ungeschält in Salzwasser, das mit etwas Kümmel versetzt wird, weich kochen.

Kartoffeln herausnehmen, kurz in kaltem Wasser abspülen und mit einer Gabel leicht quetschen – sie sollen dabei nicht zerfallen. Mit grobem Meersalz bestreuen und im heißen Öl knusprig braten.

↓

Zutaten

für 6 Personen

320 g Mehl
½–¾ TL Salz
230 g Butterschmalz
5 EL Eiswasser
3–4 Äpfel
60 g Butter
100 g Zucker
5 EL Cognac
Pie-Form (ca. 22 cm ø)

↓

Apple Pie

Mehl mit Salz in einer Rührschüssel mischen. Kaltes Butterschmalz in Flöckchen darauf verteilen, mit einer Gabel unter das Mehl arbeiten, bis kleine Krümel entstehen.

Eiswasser dazugeben und mit der Gabel einarbeiten. Teig mit den Händen möglichst schnell zu zwei gleich großen Kugeln formen, jede in Klarsichtfolie wickeln, flach drücken und ca. 30 Minuten kalt stellen.

Äpfel schälen, entkernen, in kleine Würfel schneiden, 650 g abwiegen. In einem Topf 50 g Butter erhitzen, bis sie schäumt. Äpfel zufügen, Zucker darüberstreuen. Auf hoher Temperatur ca. 2 bis 3 Minuten köcheln lassen, bis der Zucker leicht karamellisiert. Die Äpfel sollen nicht zerfallen. Cognac zufügen, Alkohol kurz verdampfen lassen. Topf beiseitestellen.

Teig zwischen Klarsichtfolie zu zwei Kreisen (ca. 30 cm Durchmesser) ausrollen. Hälfte des Teigs in die eingefettete Pie-Form legen, Rand etwas überstehen lassen.

Abgetropfte Äpfel auf dem Teig verteilen. Restliche Butter in Flöckchen draufgeben. Zweite Teighälfte drauflegen, auf die richtige Größe zuschneiden. Ränder gut zusammendrücken, mit einer Gabel verzieren.

In die Mitte des Teigdeckels ein Kreuz oder Loch schneiden und ringsum am Rand ein paar Mal leicht einschneiden.

Apple Pie im vorgeheizten Backofen bei 175 °C auf der mittleren Schiene ca. 60 bis 70 Minuten goldbraun backen.

Jess Jochimsen

Butterbrot mit Schnittlauch

Durst ist schlimmer als Heimweh!

»Tisch, Stuhl und Wasser. Mehr brauche ich auf der Bühne erst einmal nicht. Auch jenseits der Bühne muss nicht groß aufgefahren werden, um mich glücklich zu machen. Mein Lieblingshappen ist ein ehrliches Butterbrot mit Schnittlauch. Das hilft dann auch, falls mich das Heimweh doch mal überkommt, denn in Bayern, wo ich aufgewachsen bin, gehört das Schnittlauchbrot einfach dazu.«

An das Butterbrot knüpfen sich dann freilich ein paar Erwartungen. Das Wichtigste ist selbstverständlich ein gutes Bauernbrot. Im besten Falle selbstgebacken. Brotbacken entspannt total. Das Wichtigste ist, den Teig mit viel Kraft durchzukneten. Brotbackautomaten liegen ja derzeit voll im Trend. Besser ist jedoch die altmodische Art: Finger tief in den Teig eingraben und zwanzig Minuten immer wieder zupacken. Übrigens toll, wenn man aufgestaute Aggressionen herauslassen muss. Dann kann man den Teig auf den Tisch hauen, hineinboxen – links, rechts, links – und absolviert gleichzeitig ein Workout für den Körper. Zu viele Haken und Tiefschläge kann es hier gar nicht geben. Mit jedem Schlag wird der Brotteig ein wenig luftiger. Ein Schlagabtausch, bei dem beide Seiten gewinnen.

»Holt man es schließlich noch duftend und warm aus dem Ofen heraus, ist man doch k.o. und darf sich dem Gegner ergeben. Dann schnappe ich mir Tisch, Stuhl und Wasser und esse mein sehnsüchtig erwartetes Schnittlauchbrot.«

Butterbrot mit Schnittlauch

Zutaten

Bauernbrot
Butter
Salz
Frischer Schnittlauch

Vollkornbrot mit Leinsamen

1 Würfel Hefe
450 ml lauwarmes Wasser
500 g Weizenvollkornmehl
50 g Sonnenblumenkerne
50 g Sesamkörner
50 g Leinsamen
2 TL Salz
2 EL Obstessig

Zubereitung

Bauernbrot mit Butter bestreichen und mit etwas Salz bestreuen. Schnittlauch fein hacken und darüber verteilen.

Vollkornbrot mit Leinsamen

Hefe mit dem Wasser mischen. Alle anderen Zutaten hinzufügen und das Ganze gut durchkneten. Den Teig in eine gefettete Kastenform füllen und in den kalten Backofen stellen. Dann den Ofen auf 200 °C stellen und das Brot 1 Stunde backen.

Olaf Schubert

Kürbiskompott

Einerseits lecker, andererseits einfach, dritterseits schmeckt's!

Der größte Kürbis der Welt wiegt 766 Kilogramm. Rund um den Globus stellen stolze Kürbiszüchter jedes Jahr ihre Kürbisse zur Schau. Seit 2007 hat niemand mehr diesen Rekord gebrochen. Doch keine Panik, für das folgende Gericht reichen Kürbisse mit ganz gewöhnlichen Maßen ...

Lange Zeit war der Kürbis in der deutschen Küche nur noch selten anzutreffen. Inzwischen steht er wieder vermehrt auf den Speisekarten der Feinschmeckerrestaurants. Dabei gehören Kürbisse zu den ältesten Kulturpflanzen der Welt: In Peru und Mexiko wurden sie bereits vor 8000 Jahren angebaut. Mit der Entdeckung Amerikas eroberte der Kürbis dann auch Europa.

Mit der steigenden Begeisterung der Deutschen für Halloween ist auch die Beliebtheit der Kürbisse wieder gewachsen. Nicht nur im Topf, sondern auch als geschnitzte und ausgeleuchtete Fratzen vor der Tür. Dieser Brauch stammt von den Iren, die die bösen Geister in der Nacht vor Allerheiligen von ihren Häusern fernhalten wollten.

»Doch Kürbisse sind nicht nur gruselige Deko und unheimlich lecker, sie sind auch sehr gesund. Als kleiner Olaf hatte ich dieses Gericht schon im Kindergarten, unter der Fuchtel meiner Erzieherin Frau Manfred, als Kompott zu mumpelbautzen.«

Kürbiskompott

Zutaten

für 2 Personen

500 g Kürbis (geschält und entkernt)
1 l Wasser
250 g Zucker
30 ml Weinessig
2 Zimtstangen
4 Gewürznelken

Zubereitung

Kürbis in mittelgroße Würfel schneiden.

In einem mittelgroßen Topf das Wasser aufkochen, Zucker zugeben und unter Rühren auflösen. Essig, Zimtstangen und Nelken zugeben und alles 10 Minuten bei geschlossenem Deckel kochen lassen.

Kürbiswürfel in den Sud geben und bei mittlerer Hitze so lange kochen, bis der Kürbis weich und glasig ist.

Das Kompott mit dem Saft in eine Schüssel geben und auskühlen lassen.

Zimtstangen und Nelken entfernen. Kompott auf Schälchen verteilen und servieren.

Uwe Steimle

Rouladen mit Salzkartoffeln und Rotkohl

Rouladen sind Liebe.

»Die wichtigste Zutat für Rouladen ist Liebe. Klingt komisch, ist aber so. Wie kommt es sonst, dass Rouladen, die nach exakt dem gleichen Rezept zubereitet werden, völlig unterschiedlich schmecken? Eben. In der einen ist mehr Liebe drin als in der anderen. Oder auch nur eine andere Liebe.«

Erstes Gebot: Schöne Gedanken machen. Denken Sie an Ihre erste Roulade von Oma, oder denken Sie an die Menschen, für die Sie gerade kochen, oder denken Sie daran, wie Ihr Mund später den ersten Bissen Roulade verschlingt.

Zweites Gebot: Behandeln Sie die Rouladen wie Ihren Ehepartner. Wohlgemerkt, wenn wir davon ausgehen, dass sie Ihre Frau oder Ihren Mann gut behandeln. Vielleicht sollte man es anders sagen: Behandeln Sie die Rouladen wie eine Geliebte. Erst sanft klopfen, dann bestreichen und am Schluss behutsam wickeln. Nicht so forsch und doch bestimmt. Ob Sie dabei Küchengarn, Rouladenklammern, Rouladennadeln oder ganz einfach Zahnstocher verwenden, sei Ihnen überlassen.

Drittes und wichtigstes Gebot: Essen Sie mit Hingabe. Unsere heutige Welt dreht sich viel zu oft viel zu schnell. Von einem Termin zum nächsten hetzend, nimmt man sich häufig zu wenig Zeit für sich selbst. Also: Richten Sie sich die Rouladen auf dem guten Geschirr an, setzen Sie sich an einen schön gedeckten Tisch, zünden Sie eine Kerze an und genießen Sie jeden einzelnen Bissen ganz bewusst!

Rouladen mit Salzkartoffeln und Rotkohl

Zutaten

für 2 Personen

2 Rinderrouladen
½ EL mittelscharfer Senf
2 Scheiben Frühstücksspeck
1 Zwiebel
1 Gewürzgurke
1 EL Butterschmalz
Salz
Pfeffer
½ EL Tomatenmark
50 ml Sahne
½ EL Saucenbinder (dunkel)
2 EL Schnittlauchröllchen

Salzkartoffeln und Rotkohl

4–6 Kartoffeln (je nach Größe)
Salz
½ Apfel
1 EL Butter
Zucker
200–300 g TK-Rotkohl

Zubereitung

Rouladen etwas flach klopfen, mit Senf bestreichen und je 1 Scheibe Speck darauflegen.

Zwiebel schälen und mit der Gurke in feine Streifen schneiden. Die Hälfte der Zwiebelstreifen zusammen mit den Gurken auf den Rouladen verteilen. Aufrollen und feststecken.

Schmalz in einem Bräter erhitzen, Rouladen darin kräftig anbraten und mit Salz und Pfeffer würzen. Rest Zwiebeln kurz mitbraten. Mit 125 ml Wasser ablöschen, Tomatenmark einrühren, zugedeckt 20 Minuten schmoren. Noch 125 ml Wasser zugießen, weitere 40 Minuten garen.

Sahne zu den Rouladen gießen, aufkochen und Saucenbinder einrühren. Mit Salz und Pfeffer abschmecken. Anrichten und mit Schnittlauch bestreut servieren.

Salzkartoffeln und Rotkohl

Kartoffeln schälen, vierteln und in Salzwasser kalt aufsetzen, zum Kochen bringen, in ca. 20 Minuten gar kochen und abgießen.

Apfel waschen, schälen, die Kerne entfernen und in kleine Stücke schneiden.

→

→ Etwas Butter in einem Topf zerlassen und den Apfel mit etwas Zucker leicht anbraten. Immer gut umrühren. Mit etwas Wasser aufgießen und den Rotkohl dazugeben. Nochmals gut umrühren und auf kleiner Flamme erwärmen.

Malediva

Lachsfilet-Tomaten-Päckchen mit Risotto

Kochen ist der Sex der 40-Jährigen.

»Wo Liebe durch den Magen geht, ist die Beziehung schnell im Arsch. Keiner weiß dies so gut wie das Männchen der Gottesanbeterin, das nach dem Beischlaf von seiner Geliebten verschlungen wird. Zum Fressen gern.«

Doch irgendetwas muss dran sein an dieser oft beschworenen Verbindung zwischen Essen und Sex. Casanova, der berühmteste unter den Verführern, soll fünfzig Austern am Tag gegessen haben, um seine Liebeslust zu steigern. Manche Urvölker benutzten sogar das gleiche Wort für »essen« und »miteinander schlafen«. Heute bieten Partyservices extra Erotik-Buffets an.

Essen als Vorspiel? Möglich. Doch vorher muss gekocht werden, und wir alle wissen, da kann vieles schiefgehen. Und das mit all den Messern, Nudelhölzern und Fleischklopfern um einen herum. Die Küche verkommt wortwörtlich zum Schlachtfeld.

»Lachsfilet-Tomaten-Päckchen mit Risotto – diese schmackhafte und einfach zubereitete Mahlzeit spendet Trost und hilft, die Trümmer eines Streits wieder kraftvoll beiseitezuräumen. Nichts ist so verführerisch wie ein lauter Streit mit Versöhnung. Lachs übrigens soll auch aphrodisierend wirken …«

Lachsfilet-Tomaten-Päckchen mit Risotto

Zutaten

für 4 Personen

600 g Lachsfilet
Salz
Schwarzer Pfeffer
400 g Tomaten
1 Lauchzwiebel
1 Bund Basilikum
16 Kapernäpfel
Olivenöl

Risotto

1 l Fisch- oder Hühnerfond
1 große Zwiebel
2 Knoblauchzehen
5 Stangen Staudensellerie
2 EL Olivenöl
1 EL Butter
400 g Risotto-Reis
2 Gläser Weißwein (z. B. Grauburgunder)
Meersalz
70 g Butter
120 g frisch geriebener Parmesan

Zubereitung

Lachsfilet in 4 Portionen schneiden, salzen und pfeffern. Vier Stücke Backpapier (35 x 35 cm) zuschneiden und Lachsstücke in die Papiermitte legen.

Tomaten waschen, in Scheiben schneiden, salzen und pfeffern. Lauchzwiebel putzen und in feine Ringe schneiden. Basilikum waschen und fein hacken, Stiele von den Kapernäpfeln entfernen. Alles auf den Lachsstücken verteilen und mit jeweils 1 EL Öl beträufeln.

Backpapier zu kleinen Päckchen falten (an den Ecken festtackern). Im auf 200 °C vorgeheizten Backofen auf der zweiten Schiene von unten in 20 Minuten fertig garen.

Tipp

Schmeckt auch mit Ciabatta und Weißwein.

Risotto

Fond zum Kochen bringen.

Zwiebel und Knoblauch schälen und klein hacken. Sellerie putzen und klein schneiden.

In einem zweiten Topf Olivenöl und 1 EL Butter erhitzen und Zwiebeln, Knoblauch und Sellerie darin weich und glasig dünsten. Achtung: Sie dürfen nicht braun werden!

→

→ Temperatur höher schalten, Reis dazugeben und 2 Minuten unter ständigem Rühren (!) leicht anbraten. Anschließend mit Wein ablöschen und einkochen lassen.

Sobald der Wein ganz eingekocht ist, Temperatur herunterschalten, einmal kräftig salzen und den Fond nach und nach zufügen. Regelmäßig rühren und Fond zugeben, bis der Reis nach ca. 20 Minuten eine cremige Konsistenz erhält.

Ist der Reis weich, mit noch etwas Biss, 70 g Butter und Parmesan dazugeben. Topf vom Herd nehmen und noch einmal 2 Minuten ziehen lassen.

Martin Buchholz

Tafelspitz mit Kartoffelpüree und knackfrischem Gemüse

Lieber zu viel essen als zu wenig trinken.

»Mein Lieblingsessen ist der echte Wiener Tafelspitz, ein österreichisches Nationalgericht mit Geschichte. Der altösterreichische Feuilletonist Joseph Wechsberg meinte: ›Wer nicht über mindestens ein Dutzend Stücke von gekochtem Rindfleisch sachkundig sprechen konnte, gehörte in Wien nicht dazu. Gleichgültig, wie viel Geld er verdiente oder ob der Kaiser ihm den Titel eines Hofrats verliehen hatte.‹«

Tatsächlich zerteilen die Wiener seit dem 19. Jahrhundert ein Rind in 22 Teile. Neben wohlklingenden Teilen wie Zapfen, Hüferscherzl und Fledermaus ist der Tafelspitz das vornehmste Stück. Bekannt wurde das Stück vom oberen Schwanzansatz des Rinds als Lieblingsgericht von Kaiser Franz Joseph. Der galt als genügsamer Mensch und liebte gekochtes Rindfleisch. Seine Hofköche experimentierten mit Zutaten und Zubereitung des früheren Armenessens, und so wurde der Tafelspitz schließlich salonfähig.

Tafelspitz mit Kartoffelpüree und knackfrischem Gemüse

Zutaten

für 4 Personen

1,2 kg Rindfleisch (Tafelspitz)
½ kg Rindsknochen
4 Wacholderbeeren
8 Pfefferkörner
½ EL Senfkörner
1 Zwiebel
1 Bund Suppengrün
½ Stange Lauch
½ EL Meersalz
2 ½ EL Schnittlauchröllchen

Kartoffelpüree

500 g mehligkochende Kartoffeln
Salz
¼ L Milch
1 Eigelb
20 g Butter
½ EL gehackte Petersilie

Erbsen-Möhren-Gemüse

1 Paket TK-Erbsen
4 große Möhren
2 EL Butter
Zucker

Zubereitung

Fleisch und Knochen unter kaltem Wasser waschen. In einem großen Topf 3 l Wasser zum Kochen bringen. Fleisch, Knochen, Wacholder, Pfeffer und Senfkörner einlegen und ca. 3 Stunden schwach wallend köcheln lassen. Den dabei entstehenden Schaum ständig abschöpfen.

Zwiebel halbieren und die Schnittflächen in einer Pfanne braun rösten. Suppengrün und Lauch waschen, putzen und in Stücke schneiden. Alles ca. 1 Stunde vor Garende in die Suppe geben und weiterköcheln lassen.

Fleisch aus dem Topf nehmen, Suppe durch ein feines Sieb abseihen und dann salzen. Den Tafelspitz gegen die Fasern in ca. 1 cm dicke Scheiben schneiden, auf Tellern anrichten und mit Schnittlauchröllchen bestreut servieren.

Kartoffelpüree

Kartoffeln schälen, unter fließendem Wasser abspülen und in grobe Würfel schneiden. Kartoffeln in einen Topf geben, knapp mit Wasser bedecken, salzen, zum Kochen bringen und ca. 20 Minuten auf mittlerer Temperatur gar kochen.

Wasser abgießen und Kartoffeln etwas ausdampfen lassen.

In einem Topf Milch erwärmen und zu den Kartoffeln gießen. Kartoffeln mit einem Kartoffelstampfer oder einer Presse zerdrücken.

Eigelb und Butter unter das Kartoffelpüree rühren. Eventuell leicht nachsalzen und mit Petersilie bestreuen.

Erbsen-Möhren-Gemüse

Erbsen in kochendes Wasser geben und 5 bis 10 Minuten kochen lassen.

Möhren waschen, schälen und in dünne Scheiben oder kleine Stücke schneiden. Möhren zu den Erbsen in den Topf geben und weitere 5 Minuten mitkochen lassen. Wasser abgießen.

Butter und etwas Zucker mit in den Topf geben, wieder auf den Herd stellen und das Gemüse kurz in der geschmolzenen Butter und dem Zucker schwenken.

Tipp

Wer es mal eilig hat, kann den Tafelspitz auch nur mit einem Joghurtdip servieren: Dafür ein Bund Schnittlauch waschen und klein schneiden. Mit einem Becher Naturjoghurt vermischen und mit Salz und Pfeffer abschmecken.

Irmgard Knef

Hoppelpoppel mit Gurke – dazu ein frisch gezaptes Pils

Nach einem guten Essen kann man allen Menschen verzeihen, sogar den eigenen Verwandten.

»Hoppelpoppel – das muss man sich mal auf der Zunge zergehen lassen. Und zwar im doppelten Wortsinn. Schmackhaft und melodisch. Es wird mit Bratenresten zubereitet, wodurch der Name entstand: Bevor popelige (kümmerliche) Reste hopsgehen (verderben), werden sie aufgebraucht. Ein rustikales Berliner Mahl aus einer Zeit, in der es noch überall Aschenbecher, Arbeit und Telefonhäuschen gab. Dit schmeckte mir schon 1948 vor der Währungsreform.«

Die Berliner Küche hat noch mehr von diesen ja fast poetischen Namen auf Lager. Kennen Sie »Mohnpielen« oder die »Errötende Jungfrau«? Beides sind unheimlich leckere Desserts.

Die Berliner waren eben schon immer einfallsreiche Leute. So richtig kreativ darf man auch beim Hoppelpoppel sein. Zwar gibt es die üblich verdächtigen Zutaten, die hineingehören, doch weil es seit jeher als typisches Resteessen und damit früher als Arme-Leute-Essen galt, darf man mit den Ingredienzien gerne experimentieren. Warum nicht auch mit Fisch oder vegetarisch? Denn schon in einem alten Kochbuch von 1904 steht, dass der Grundsatz der sparsamen Hausfrau ist, nichts umkommen zu lassen. Werfen Sie also einen Blick in den Kühlschrank, bevor Sie mit dem Kochen beginnen. Möchten Sie aber auf Nummer sicher gehen, halten Sie sich an dieses Rezept, und träumen Sie sich ins alte Berlin.

Hoppelpoppel mit Gurke – dazu ein frisch gezapftes Pils

Zutaten

für 3 Personen

600 g festkochende Kartoffeln
200 g Bratenreste
1 Zwiebel
80 g Bacon
30 g Schweineschmalz
Salz
Pfeffer
Majoran
Gemahlener Kümmel
3 Gewürzgurken
3 Eier
3 EL Sahne
Muskat
1 EL Schnittlauchröllchen
1 Tomate

Zubereitung

Kartoffeln als Pellkartoffeln kochen, in kaltem Wasser abkühlen lassen und pellen. Kartoffeln und Bratenreste in Würfel schneiden.

Zwiebel schälen und in feine Würfel schneiden. Bacon fein würfeln. In einer Pfanne ca. 10 g Schweineschmalz auslassen. Zwiebeln darin andünsten und Bacon mitbraten. Mischung aus der Pfanne nehmen und beiseitestellen.

Restliches Schweineschmalz in der Pfanne erhitzen. Kartoffelwürfel bei hoher Temperatur hellbraun braten. Temperatur reduzieren. Bratenreste und Zwiebel-Speck-Mischung dazugeben und untermischen. Mit Salz, Pfeffer, Majoran, Kümmel würzen und die fein gewürfelten Gewürzgurken dazugeben.

Eier und Sahne verquirlen, mit Salz, Pfeffer und Muskat würzen und Schnittlauchröllchen daruntermischen. Rührei über die Bratkartoffeln gießen und unter gelegentlichem Rühren auf niedriger Stufe stocken lassen.

Tomate waschen, achteln und das Hoppelpoppel damit dekorieren.

Tipp

Es eignen sich alle Bratenreste, zum Beispiel Schweinebraten. Wenn auch noch Bratensauce übrig ist, kann man davon etwas hinzufügen.

Petra Nadolny

Entenbrust à l'Orange

Ente gut, alles gut!

»Wie vielseitig einsetzbar Enten sind, erfuhr ich im Meckpomm der Siebzigerjahre. Da gab es nicht immer das zu kaufen, was man gerne gehabt hätte. Nicht, dass es das überhaupt nicht gegeben hätte, man musste nur wissen, wo. Und vor allem musste man im real existierenden Sozialismus eine Gabe parat haben, die man gegen Begehrtes unterm Ladentisch tauschen konnte.

Irgendwann kam meinem Vater dann eine geniale Idee: Einen Garten hatte bei uns jeder, das war nix Besonderes. Also brachte er eines Tages flauschige Entenküken in einem Pappkarton mit nach Hause. Und damit war der Grundstein für eine Jahr um Jahr wachsende Zucht gelegt, die uns modernen Zeiten entgegenziehen ließ. Denn die Enten wurden zum idealen Tauschmittel. Durch sie bekamen wir Führerschein, Gasherd, Kühltruhe ... Aber auch Handwerkertüren öffneten sich leichter, als wir jemanden suchten, der das Bad renovieren sollte – und sogar der erste Zelturlaub mit meiner besten Freundin an der Ostsee wurde nur möglich, weil der Zinnowitzer Zeltwart dem schnatternden Passagier im Kofferraum nicht widerstehen konnte.

Die eingetauschten Geräte sind inzwischen verschlissen, der Sozialismus in der Mottenkiste der Geschichte versunken, aber die Ente ist immer noch gefragt. Als Sonntagsbraten, geräuchert oder in Aspik – ein Genuss. Und Weihnachten ohne geht ja wohl gar nicht!

Das einfachste, schnellste und für mich exklusivste Gericht, in dem dieses Vögelchen die Hauptrolle spielt, verrate ich Ihnen mit diesem Rezept. Übrigens: Bei dem ganzen Krisengeschrei heutzutage denke ich manchmal, dass wir uns lieber wieder an handfeste Dinge halten sollten. Also Ente statt Euro! Ob Sie das auch finden, können Sie ja beim Essen bequatschen.«

Entenbrust à l'Orange

Zutaten

für 4 Personen

4 Entenbrüste
1 Glas Entenfond
2 unbehandelte Orangen
2 EL Honig
3 EL Crème fraîche
1 Prise Salz
1–2 EL rote Pfefferkörner

Zubereitung

Entenbrüste auf der Hautseite einschneiden und auf dieser 5 Minuten in einer Pfanne ohne Fett kräftig anbraten. Wenden und auf der anderen Seite 3 Minuten braten. In eine ofenfeste Form legen und mit dem Entenfond begießen.

Im auf 225 °C vorgeheizten Backofen (Ober- und Unterhitze) 20 bis 35 Minuten garen – je nach Dicke des Fleisches. (Keine Umluft, die trocknet das Fleisch aus!)

Die Schale einer Orange mit einem Sparschäler dünn abschälen und in feine Streifen schneiden. Orange auspressen. Die zweite Orange schälen und die Filets aus den Trennhäuten schneiden.

Entenbrüstchen auf der Hautseite dick mit Honig bestreichen, Backofengrill einschalten und kurz knusprig backen. Herausnehmen, in Alufolie packen und 8 Minuten ruhen lassen.

Fond mit Crème fraîche, Salz, Orangensaft und der Hälfte der geriebenen Schale anrühren. Pfeffer grob im Mörser zerstoßen.

Fleisch in dünne Scheiben schneiden, mit Salz und rotem Pfeffer würzen. Auf Tellern anrichten und mit restlicher Orangenschale und Orangenfilets dekorieren.

Tipp

Dazu passen Kroketten oder Kartoffelmus und Gemüse – oder einfach ein frisches Baguette.

Wer keine Soßen mag, lässt den Fond und die Crème fraîche einfach weg. Und wer frische Minze in seinem Kräutergarten hat, der sollte die unbedingt drüber streuen, denn dann wird er merken: Eine Ente ist *nicht nur* eine Ente, eine Ente, eine Ente.

Dieter Hallervorden

Lammkeule mit Kräutern der Provence
… und einer guten Flasche Rotwein

Denn schon Goethe meinte:
»Das Leben ist zu kurz, um schlechten Wein zu trinken!«

Wussten Sie, warum die Franzosen Wein trinken, die Russen Wodka und die Deutschen Bier? Damit man die Völker an der Fahne erkennt. Bei diesem Gericht ist aber auf jeden Fall ein guter Wein vorzuziehen. Den sollten Sie rechtzeitig öffnen, damit er sich »entwickeln« kann. Und Ihnen wird er helfen, die sechs Stunden zu überstehen, die dieses Lieblingsgericht im Ofen schmort …

Lammkeule mit Kräutern der Provence

Zutaten

für 6 Personen

2 kg Lammkeule mit Knochen
4 EL Olivenöl
Salz
Pfeffer
2 EL Kräuter der Provence
3 Zwiebeln
3 Knoblauchzehen
100 ml trockener Wermut
400 ml Lammfond
1,2 kg kleine, festkochende Kartoffeln
6 EL Olivenöl
1 TL Salz
2 TL getrockneter Rosmarin
1 TL getrockneter Thymian

Zubereitung

Den Backofen auf 240 °C auf Grill mit Umluft vorheizen.

Von der Lammkeule Fett und Sehnen entfernen. Unter fließend kaltem Wasser abspülen, trocken tupfen und mit Öl einstreichen. Mit Salz und Pfeffer würzen, mit Kräutern der Provence bestreuen und in einen Bräter oder auf ein Backblech legen.

Backblech bzw. Bräter in den Backofen (unteres Drittel) schieben. Lammkeule etwa 20 Minuten grillen, dabei einmal wenden. Grill ausschalten und Backofen auf Ober- und Unterhitze bei 80 °C einstellen. Backofentür einen Spalt öffnen, bis die 80 °C erreicht sind, dann Ofentür wieder schließen.

Zwiebeln und Knoblauch schälen, fein würfeln, zur Lammkeule geben und etwa 6 Stunden garen.

Nach 2 Stunden Garzeit Lammkeule wenden und den Wermut angießen. Nach weiteren 2 Stunden Lammfond dazugießen.

Etwa 1 Stunde vor Ende der Garzeit Kartoffeln waschen und abtropfen lassen. Olivenöl in einer großen Pfanne erhitzen. Kartoffeln dazugeben, salzen und mit Rosmarin und Thymian bestreuen. Zugedeckt bei mittlerer Hitze ca. 40 Minuten garen und gelegentlich umrühren.

Kartoffeln in eine Schüssel füllen und mit der Lammkeule bedeckt servieren.

Ole Lehmann

Grünes Rindfleischcurry

Wenn du jemanden ohne ein Lächeln siehst, dann schenke ihm deins.

(Thailändisches Sprichwort)

Über die thailändische Küche wird gerne gescherzt, dass sie nur drei Varianten kenne: scharf, schärfer, am schärfsten. Ein wenig übertrieben, aber nicht ganz falsch. Thai mögen es gerne pikant.

Unverkennbar sind die chinesischen und indischen Einflüsse, doch die Thaiküche gilt als die variationsreichste Küche Ostasiens. Wie in allen Ländern wird auch die Thaiküche stark durch die unterschiedlichen Regionen geprägt. So entstehen eine undurchschaubare Gewürzpalette und unzählige Zubereitungsarten.

Thai essen fast täglich Reis. Dazu gibt es üblicherweise Fleisch, Fisch, Tofu oder Gemüse. Im Norden darf man mit dem Essen spielen: Klebereis wird dort mit den Händen zu kleinen Kugeln gerollt und in die Saucen getunkt. Eine Freude für das Kind im Manne. Nudeln spielen ebenfalls eine wichtige Rolle, werden im Gegensatz zu den europäischen Nudeln allerdings aus Reis- oder Sojamehl hergestellt.

Und ja, darauf haben Sie doch gewartet: Insekten gibt es auch. Die werden vor allem im Nordosten Thailands gegessen, weil es dort für viele Pflanzen zu trocken ist. Zu den Lieblingsinsekten gehören Heuschrecken und Käfer.

Thailand und seine Bewohner haben etwas Mystisches. Die Thai strahlen eine große Ruhe und Herzlichkeit aus. Dieses Curry ist sehr einfach gehalten, braucht keine allzu exotischen Zutaten, ist ganz mild und zaubert jedem ein Lächeln ins Gesicht.

Grünes Rindfleischcurry

Zutaten

für 3 – 4 Personen

400 g Rinderfilet
4 EL Fischsauce
150 g Bambusspitzen (vakuumverpackt)
Je 1 kleine rote und grüne Paprikaschote
1 Stängel Thai-Basilikum
1 Dose Kokosmilch (400 g)
1 EL grüne Currypaste
1 Prise Salz
1 Prise Zucker

Zubereitung

Fleisch waschen, mit Küchenpapier trocken tupfen und quer zur Faser in schmale Streifen schneiden. In einer Schüssel mit der Fischsauce mischen und zugedeckt ziehen lassen.

Bambusspitzen in ein Sieb geben, kalt abbrausen, abtropfen lassen, in Streifen schneiden. Paprikaschoten vierteln, putzen, waschen, quer in dünne Streifen schneiden. Basilikum waschen und trocken schütteln, Blätter abzupfen.

Die obere, dickflüssige Hälfte der Kokosmilch in einen Topf geben und zum Kochen bringen. Currypaste hinzufügen und unter Rühren 2 bis 3 Minuten köcheln, bis die Kokosmilch am Rand grün wird.

Fleisch in den Topf geben und 2 Minuten darin anbraten. Die restliche Kokosmilch angießen, mit Salz und Zucker würzen.

Bambusstreifen zugeben und 3 Minuten bei mittlerer Hitze köcheln lassen. Paprikastreifen hinzufügen und alles noch 2 Minuten ziehen lassen. Abschließend Basilikumblätter unterrühren und das Curry in eine Servierschüssel füllen.

Tipp

Dazu passt frisches Brot oder Reis.

Stephan Bauer

Zabaione mit Vanilleeis

Das einzige Dessert, von dem ich so viel essen kann, bis ich betrunken bin.

Zabaione nennt man nicht umsonst »Weinschaumcreme«. Nach einer großen Portion ist man schnell betrunken. Und das auf ganz elegante Weise. Wein ist sowieso ein super Getränk. Man kann so viel davon trinken, wie man will, und gilt nie als Säufer, sondern als Kenner. Je mehr man säuft, umso besser kennt man sich aus. Trinken ist ja meist aus der Not geboren, und es gibt zwei Gründe, warum Männer anfangen zu trinken: Entweder sie haben keine Frau oder sie haben eine.

Die Erfindung der Zabaione geschah ebenfalls in der Not. Es ranken sich verschiedene Geschichten um die Nachspeise, aber eins haben sie alle gemeinsam: Die Menschen mussten aus wenig viel machen. Deshalb besteht die reine Creme auch nur aus drei Zutaten: Ei, Zucker, Wein.

Das Verspeisen darf dann richtig zelebriert werden. Erst ein bisschen den Löffel schwenken, die hübsche Dekoration loben, zuletzt den Löffel sanft erst in die Creme und dann in den Mund eintauchen. Das ist eigentlich wie beim Weintrinken. Nur dass man da hinterher murmelt: Anklänge von Waldboden.

Zabaione mit Vanilleeis

Zutaten

für 4 Personen

4 Eigelb
100 g Zucker
4 cl Marsala
4 Vanilleeiskugeln
100 g Schokoladenraspel

Zubereitung

Eigelbe mit dem Zucker im Wasserbad langsam schaumig schlagen.

Marsala darunterschlagen, bis die Masse dickschaumig ist.

Vanilleeis in Cocktailgläsern anrichten, Zabaione darübergeben und mit den Schokoladenraspeln bestreut servieren.

Tipp

Statt mit Vanilleeis kann man Zabaione auch pur oder mit einigen Lavendelblüten dekoriert servieren. Das schmeckt nach Sommer in der Provence.

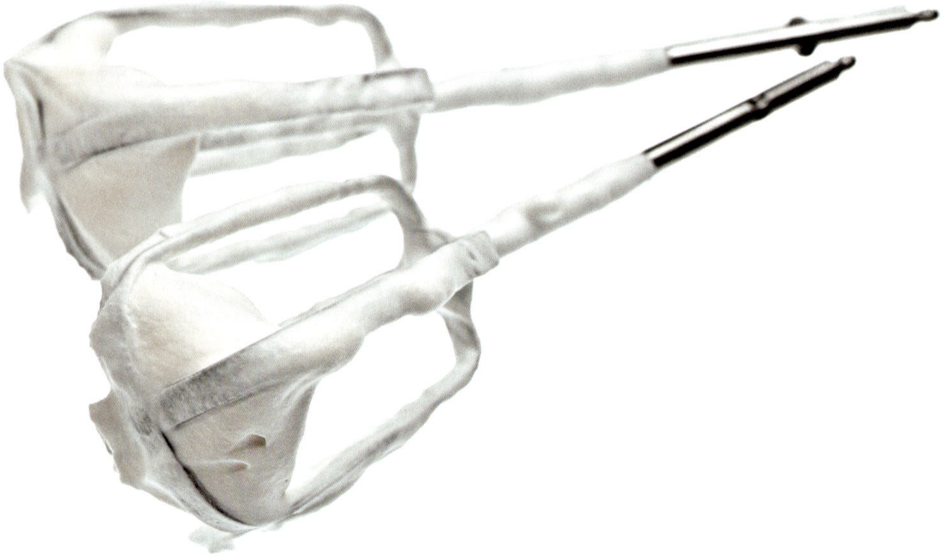

Bernhard Hoëcker

Eierschecke

Ich will die Welt verschlingen!

»Eines Abends stieg ich nach drei Stunden aus einem alten, verfallenen Theater. Innen war es dunkel, und das Theaterstück bettete mich in eine Fantasiewelt. Betten ist deshalb das richtige Wort, weil man nach drei Stunden im Theater nicht mehr weiß, wie man sitzen soll. Man dreht sich links, man dreht sich rechts, man stützt sich vorne ab, streckt die Beine, zieht sie an. Auf der Bühne kann noch so Spannendes passieren, ich bin einfach nicht zum Sitzen gemacht.

Als ich dann aber nach dem Schlussapplaus nach draußen ging und meine Zeitreise wieder in der Gegenwart endete, lag auf einmal diese Eierschecke im Wagen. Auf dem Beifahrersitz, unschuldig verpackt, eine Schicht süßer als die andere. Quark und Pudding und Eiercreme. Wie sie dort hinkam oder wer sie dort hinlegte oder ob ich das selber tat – ich war mir nicht mehr sicher. Ich wusste nur, dass sie die perfekte Erquickung nach dieser langen und eindrucksvollen Theatermühsal war.

Spätestens seit diesem beinahe magischen Eierscheckenvorfall kann ich meine Finger nicht mehr von den geschichteten Tortenteilchen lassen. Erich Kästner wusste so eine Schecke auch zu schätzen und sagte, dass die Eierschecke zum großen Schaden der Menschheit auf dem Rest des Globus unbekannt geblieben sei. In diesem Sinne, lassen Sie uns aufbrechen und die Menschheit retten!«

Eierschecke

Zutaten

150 g Weizenmehl
10 g Hefe
30 g Zucker
40 ml lauwarme Milch
70 g Butter
1 Prise Salz
6 Eier
1 Pck. Vanillepudding
500 g Quark
175 g Zucker
150 g Butter

Zubereitung

Für den Teig Mehl in eine Schüssel sieben. Die Hefe und 1 TL Zucker in der Milch verquirlen, zum Mehl geben und leicht verrühren. Butter, restlichen Zucker und Salz dazugeben und verkneten. Für ca. 30 Minuten an einem warmen Ort gehen lassen. Dann 1 Ei zugeben, nochmals durchkneten und weitere 60 Minuten gehen lassen.

Teig in eine gefettete Springform geben und den Rand hochziehen. Für die Quarkmasse Pudding nach Packungsanleitung ohne Zucker kochen. Quark, 100 g Zucker, 50 g Butter und 2 Eier verrühren. Die Hälfte des Puddings zufügen. Quarkmasse auf den Hefeteig geben.

Für die Füllung 3 Eier trennen. Eigelbe, 75 g Zucker und 100 g Butter schaumig rühren. Restlichen, leicht abgekühlten Pudding dazugeben. Eiweiße steif schlagen, unter die Puddingmasse ziehen und gleichmäßig auf der Quarkmasse verteilen.

Den Kuchen im auf 175 °C vorgeheizten Backofen ca. 45 bis 60 Minuten backen. Kuchen in der Springform auskühlen lassen und nach Belieben mit etwas Zucker bestreuen.

Tipp

Wer mag, kann noch 200 g Rosinen in die Quarkmasse geben.

LaLeLu

Kräuterhuhn mit feinem Kartoffelsalat

Eine ausgewogene Ernährung ist ein halbes Brathähnchen in jeder Hand.

»Im Westen knabbert man gern Frosch und mag an Austern saugen,
im Süden brät man Vögel – mit und ohne Augen.
Im Fernen Osten isst man Dackel an Spinat,
mir reicht ein Hähnchen mit Kartoffelsalat.«

Schon Wilhelm Buschs Lausbuben Max und Moritz schätzten ein knuspriges Brathähnchen. In ihrem zweiten Streich entdeckten sie durch den Schornstein die brutzelnden Hähnchen der Witwe Bolte in der Pfanne und stahlen sie kurzerhand. Bis heute gehören Brathähnchen zu den beliebtesten Geflügelgerichten in Deutschland.

Das Brathähnchen wird regional übrigens unterschiedlich bezeichnet: Brathuhn, Grillhuhn oder Brathendl. In Ostdeutschland spricht man meist vom Broiler. Die Österreicher bevorzugen es hingegen nicht gebraten, sondern als Backhendl. Nicht verwechseln sollte man das Brathähnchen mit dem Halven Hahn aus dem Rheinland. Da wäre die Enttäuschung groß. Der Halve Hahn ist nämlich lediglich ein halbes Roggenbrötchen, mit Käse belegt. Um die Entstehung des Namens ranken sich viele Geschichten. In einigen von ihnen wird erzählt, dass der Gastgeber für seine Festgesellschaft halbe Hähne bestellt hatte, doch nicht bezahlen konnte und das Geld nur für Käsebrötchen reichte. Wir bleiben lieber beim knusprigen Hähnchen – verfeinert mit aromatischen Kräutern!

Kräuterhuhn mit feinem Kartoffelsalat

Zutaten

für 2 – 3 Personen

1 küchenfertiges Hähnchen, ca. 1,5 kg
Je 4 Stängel Salbei und Thymian
½ Bund glatte Petersilie
Salz
Pfeffer
2 Knollen Knoblauch
2 Stangen Staudensellerie
3 Möhren
1 Zucchino
4 – 5 EL Olivenöl

Kartoffelsalat

für 4 Personen

2 kg Pellkartoffeln
2 EL ÖL
Salz
6 hart gekochte Eier
1 Dose Mais
1 Bund Schnittlauch
500 g Naturjoghurt
1 – 2 TL Senf
Pfeffer

Zubereitung

Hähnchen waschen und trocken tupfen.
Kräuter waschen, die Hälfte ins Huhn hineinschieben und Keulen zusammenbinden. Huhn mit Salz und Pfeffer einreiben.

Knoblauchzehen waschen (nicht schälen!).
Sellerie, Möhren und Zucchino putzen und in kleine Würfel schneiden. Die zweite Hälfte der Kräuter von den Stielen zupfen bzw. zerkleinern.

Olivenöl in einem Bräter erhitzen und Knoblauch, Sellerie und Kräuter kurz andünsten. Darin das Huhn von allen Seiten anbraten.

Möhren und Zucchini dazugeben und im vorgeheizten Backofen bei 180 °C ca. 1½ Stunden garen.

Tipp

Falls gewünscht, kann man das Huhn noch mit etwas Weißwein begießen.

Kartoffelsalat

Am Vortag gekochte Kartoffeln pellen, in Scheiben schneiden. Mit dem Öl vermischen und salzen.

→

Hart gekochte Eier schälen und vierteln. Mais abtropfen lassen. Schnittlauch fein hacken. Für die Sauce Eier, Mais und Schnittlauch zusammen mit Joghurt und Senf verrühren, mit Salz und Pfeffer abschmecken.

Die Kartoffeln in die Sauce geben, umrühren und servieren.

Harald Martenstein

Saure Kutteln

*Was brauch ich Austern, Kaviar, Trüffeln?
Ich möchte nur an Kutteln schnüffeln.*

Gut, an Kutteln schnüffeln ist nicht die beliebteste Idee. Solange sie nicht gründlich gereinigt sind, verbreiten sie einen unangenehmen Geruch. Sind sie aber einmal angerichtet, riechen sie wunderbar. Ein guter Metzger bietet die Kutteln ohnehin geputzt an.

An Kutteln scheiden sich die Gemüter. Hierzulande werden sie nur noch von wenigen Feinschmeckern geschätzt. Doch wer sich einmal in diese köstliche Innerei verliebt hat, bleibt es. In vielen Ländern galten Kutteln als Arme-Leute-Essen. Deshalb sind sie in vielen traditionellen oder bäuerlichen Küchen Europas noch immer vorhanden. In Schwaben werden sie in zahlreichen Gasthöfen als traditionell schwäbisches Hauptgericht mit Bratkartoffeln angeboten. Hochkonjunktur haben saure Kutteln im deutschen Süden besonders um die Fasnachtstage herum. Klassischerweise werden sie am Aschermittwoch gegessen, um das Ende der Fasnacht noch ein wenig hinauszuzögern.

Saure Kutteln

Zutaten

für 4 Personen

800 g gekochte Kutteln
5 Zwiebeln
100 g Fett
1–2 EL Tomatenmark
Mehl zum Bestäuben
750 ml Rotwein
1 Lorbeerblatt
4 Wacholderbeeren
Abgeriebene Zitronenschale
Brühe
Salz
Pfeffer

Zubereitung

Kutteln in Streifen schneiden.

Zwiebeln schälen, klein schneiden und in heißem Fett andünsten. Kutteln dazugeben und mitanrösten.

Nach einigen Minuten Bratzeit Tomatenmark hinzufügen. Mit Mehl bestäuben und mit Rotwein ablöschen.

Lorbeerblatt und Wacholderbeeren zugeben.
Etwas abgeriebene Zitronenschale beifügen und etwa – je nach Weichheit der Kutteln – 30 bis 45 Minuten in der fertigen Sauce ziehen lassen.

Dann mit etwas Brühe auffüllen und mit Salz und Pfeffer abschmecken. Nur so viel Brühe hinzugeben, dass ein gulaschartiges Gericht entsteht.

Bernd Stelter

Vitello Tonnato

Carne heißt auf italienisch Fleisch, Manzo ist Rind, Schwein heißt Berlusconi, und Kalb heißt Vitello!

Lachen ist gesund. Es verbessert die Durchblutung, Cholesterin wird verbrannt und die Herzinfarktgefahr wird gesenkt. Ein gutes Essen sollte eine ähnliche Wirkung haben. Nicht zu fettig, nicht zu zuckrig und selbstverständlich frisch.

Perfekte Voraussetzung für leichte Antipasti. Wer mag sie nicht, die bunten Vorabmahlzeiten, serviert in kleinen und größeren Schälchen. Hier ein marinierter Pilz, da ein knuspriges Bruschetta und dort drüben ein Stück Parmesan.

Der Ursprung der Antipasti wird in der Renaissance vermutet. Damals war es üblich, die Hauptmahlzeit mit kleinen Speisen zu beginnen und zu beenden. Vitello Tonnato zählt auch heute noch zu diesen kleinen Happen. Es wird kühl serviert und schmeckt ganz leicht. Ein Gaumenschmaus vor allem im Sommer. Und obwohl es als Vorspeise gedacht ist, reicht es für ein Abendbrot völlig aus.

Vitello Tonnato

Zutaten

für 3 Personen

300 g Kalbsbraten
30 g Staudensellerie
30 g Möhren
1 Zwiebel
1 Nelke
1 Lorbeerblatt
1 Flasche Weißwein
1 TL Salz
½ Dose Thunfisch
2 Sardellenfilets
1 Eigelb
1 EL Weißweinessig
2 TL Kapern
4 EL Olivenöl
Salz
Pfeffer
Kapernäpfel nach Belieben

Zubereitung

Kalbfleisch marinieren (am besten über Nacht):
Kalbfleisch in einen Topf legen. Staudensellerie, Möhren und Zwiebel putzen, grob zerteilen und zum Fleisch geben. Nelke und Lorbeerblatt zufügen. Weißwein angießen. Fleisch mehrmals wenden.

Am nächsten Tag so viel Wasser zugießen, dass das Fleisch knapp bedeckt ist. Salz zufügen und zum Kochen bringen. Kalbfleisch bei geringer Hitze ca. 1 Stunde gar ziehen und im Sud abkühlen lassen. Fleisch herausnehmen, abtrocknen und in dünne Scheiben schneiden.

Thunfisch gut abtropfen lassen und in einen Mixbecher geben. Gewässerte Sardellenfilets, Eigelb, Weißweinessig und Kapern zufügen. 1 EL der Kalbsbrühe dazugießen und mit dem Pürierstab pürieren. Dabei langsam das Olivenöl zugießen.

Sauce mit Pfeffer und Salz würzen und mindestens 1 Stunde im Kühlschrank ziehen lassen.

Kalbfleischscheiben auf Tellern anrichten, mit der Sauce begießen und nach Wunsch dekorieren, zum Beispiel mit Kapernäpfel. Dazu Weißbrot servieren.

LEM ANNIA

Andreas Rebers

Bratkartoffeln mit Kräuterquark und Spiegelei

In schweren Zeiten – leichte Kost
Die Bomben kommen mit der Post
Und wird der Quark kartofflig warm –
Dann legen Sie den Zünder lahm.

Eines ist klar: Die Kartoffel hat die Welt verändert - schätzen gelernt wurde sie jedoch erst spät. Ihre Geschichte geht zurück bis 7000 v. Chr. Erst im 16. Jahrhundert brachten spanische Eroberer die Knolle aus den rauen Anden an den spanischen Hof. Von dort aus breitete sie sich über Europa und die gesamte Welt aus.

Noch galt sie aber vielmehr als botanische Kuriosität denn als Nutzpflanze. Mit der runzeligen und kleinen Erdfrucht wurde so lange experimentiert, bis große, essbare Knollen geerntet wurden. Erst ab Mitte des 17. Jahrhunderts wuchs die Bedeutung als Nahrungsmittel. Doch das Volk lehnte die Kartoffel ab. Die Legende besagt, dass Friedrich der Große von Preußen in der Hungersnot von 1740 sein Volk zum Anbau von Kartoffeln zwingen musste, um es vor dem Hungern zu bewahren.

Schließlich schaffte sie doch den Durchbruch und wurde vor allem in Deutschland sehr beliebt. So beliebt, dass die Kartoffel den Deutschen als Spitzname dient. Sogar in China werden heute mehr Kartoffeln als Reis gegessen. Nach Weizen und Reis ist die Superknolle das meistproduzierte Nahrungsmittel der Welt. Heute existieren 5000 kultivierte Kartoffelsorten.

Mit dem Wissen um diese bewegte Geschichte schauen Sie Ihre Bratkartoffeln nun womöglich mit ganz anderen Augen an. Hauptsache ist, Sie lassen es sich schmecken!

Bratkartoffeln mit Kräuterquark und Spiegelei

Zutaten

für 4 Personen

1 kg Kartoffeln
2 EL Butter oder Margarine
1 Salatgurke
Salz
Pfeffer
1 Möhre
3 Becher Quark (20 % Fett i. Tr.)
2 EL Öl
4 Eier
Gehackte Petersilie
Lausitzer Leinöl

Zubereitung

Kartoffeln am Vortag kochen und pellen.

Pellkartoffeln in Scheiben schneiden und in Butter oder Margarine knusprig braun braten.

Gurke waschen oder schälen und in eine Schüssel raspeln. Mit Salz und Pfeffer würzen und alles durchmischen. Möhre schälen, raspeln, mit dem Quark dazugeben und gut durchmischen.

Öl in einer Pfanne erhitzen, Eier aufschlagen und in die Pfanne gleiten lassen. Die Eier bei mittlerer bis niedriger Temperatur fertig braten und mit Salz und Pfeffer würzen.

Kartoffeln und Quark auf Tellern anrichten, mit Petersilie bestreuen. Mit den Spiegeleiern servieren und dazu das Leinöl reichen.

Tipp

Die Eier kann man auch schon während des Erhitzens in die Pfanne geben, man muss nicht warten, bis sie heiß ist.

Hans Werner Olm

Rosenkohl in Curry-Sahnesauce

Abwinde vom Rosenkohl fühlen sich in Hosen wohl.

Wissen Sie eigentlich, wie Rosenkohl aussieht, bevor er auf den Markt oder in den Supermarkt kommt? Tatsächlich sieht man ihn auf den Feldern in Deutschland eher selten. Die kleinen Röschen wachsen an einer bis zu 70 cm hohen Pflanze. Ganz dicht aneinandergekuschelt sitzen die Knospen direkt am Stängel. Aufsteigend und spiralförmig. Ziemlich amüsant. Oben schließt die Pflanze mit einigen größeren Blättern ab. Hätten Sie's erkannt?

Rosenkohl soll aus Belgien stammen. Deshalb wurde er früher auch Brüsseler Kohl genannt. Sehr beliebt ist er als Currygericht. Curry tendiert mittlerweile zum Allzweckgewürz, doch vielen ist überhaupt nicht klar, dass es sich dabei nicht um ein selbstständiges Gewürz, sondern um eine Gewürzmischung handelt. In Indien sind fertige Currypulver völlig unbekannt. Dort werden die Gewürze zu jedem Gericht frisch gemischt. Meist hat jede Familie ihr eigenes Rezept, das von Generation zu Generation weitergegeben und verändert wird. Im Rezept finden Sie die nötigen Zutaten; wie es Ihnen am besten schmeckt, finden Sie am besten selbst heraus. Mögen Sie es schärfer, geben Sie mehr Chili, Ingwer und Senf dazu. Mögen Sie es lieber ein bisschen lieblicher, geben Sie eine geriebene Gewürznelke dazu.

Das Ganze kann als Hauptgericht mit Reis oder aber als Beilage zu Fleisch oder Sojabratlingen serviert werden.

Rosenkohl in Curry-Sahnesauce

Zutaten

für 4 Personen

500 g Rosenkohl
1 EL Butter
1 EL Vollkornmehl
½ Becher Sahne
2 – 3 Äpfel
2 TL Currypulver (indisch)
Saft von ½ Zitrone

Zubereitung

Rosenkohl putzen und in wenig Wasser 15 Minuten dünsten.

Inzwischen Butter in einem Topf schmelzen und Vollkornmehl einrühren. Sahne hinzufügen und kurz aufkochen lassen.

Äpfel schälen, entkernen und in kleine Stückchen schneiden. In die Sauce geben. Das Ganze ca. 10 Minuten leicht köcheln lassen. Mit Currypulver würzen.

Zum Schluss Zitronensaft unterrühren.
Nicht mehr kochen lassen. Rosenkohl in die Sauce legen und servieren.

Tipp

Dazu passt Geflügel, aber auch vegetarische Sojahackbratlinge schmecken sehr gut.

Emmi & Herr Willnowsky

Eisbein mit Erbspüree

Wie man sich füttert, so wiegt man.

Keiner will es bestreiten: So ein Eisbein sieht ganz schön ulkig aus. Manchmal runzlig, manchmal blass, manchmal krustig. Und immer reckt sich irgendwo ein Knochen in die Höhe. Es ist ein bisschen so wie bei einem alten Ehepaar im Schlafzimmer. Der eine wird blass, weil der andere so runzlig ist. Der andere wird runzlig, weil der andere so blass ist. Da muss ein wenig freundlich am Ego des jeweils anderen gekratzt werden, bis sich die Knochen in die Höhe strecken.

Doch so ein Eisbein sieht nicht nur ulkig aus, sondern klingt auch so. Ein Gerücht besagt ja, dass die Schweinebeine früher als Schlittschuhkufen eingesetzt wurden. Obendrein sieht es ein bisschen aus wie ein überladenes Eis am Stiel. Doch all das macht wenig aus – Eisbein ist beliebt: In Bayern essen's Schweinshaxn, in Franken sind's die Knöchla. In Österreich heißt's Stelze, und in der Schweiz ist's ein Gnagi oder Wädli. Aus Berlin ist es sowieso nicht wegzudenken.

»Und für einen guten Witz ist das Eisbein immer zu haben: Ein Mann kommt in die Kneipe. Auf dem Kopf hat er ein Eisbein. Er bestellt ein Bier. Sagt der Barmann: ›Wissen Sie, dass Sie ein Eisbein auf dem Kopf haben?‹ – ›Ja, ich trage jeden Mittwoch ein Eisbein auf dem Kopf.‹ – ›Aber heute ist Dienstag.‹ – ›Oh, wie blöd, da muss ich Ihnen ja wie ein vollkommener Idiot vorkommen!‹«

Eisbein mit Erbspüree

Zutaten

für 4 Personen

4 Eisbeine
1 Bund Suppengrün
2 Zwiebeln
4 Lorbeerblätter
8 Pimentkörner

Erbspüree

300 g TK-Erbsen
2 Zwiebeln
150 g Schinkenspeck
1 EL Schweineschmalz

Zubereitung

Eisbeine waschen und in einen großen Topf legen, mit Wasser auffüllen, bis sie gerade bedeckt sind. Einmal aufkochen lassen, danach Hitze reduzieren, bis sie nur noch leicht simmern. Öfter abschäumen.

Suppengrün putzen, waschen und grob zerkleinern. Zwiebeln schälen und in Spalten schneiden. Beides mit Lorbeer und Piment zu den Eisbeinen geben. Eventuell noch mit Gemüsebrühe würzen und ca. 1 ½ bis 2 Stunden garen.

Tipp

Eisbein am besten bereits am Vortag kochen, dann kann man den Sud besser entfetten und anderweitig verwenden.

Erbspüree

Erbsen mit etwas Eisbeinbrühe ca. 5 bis 8 Minuten gar kochen, durch ein Sieb passieren. Zurück in den Topf geben und zu einem cremigen Brei kochen.

Zwiebeln schälen, halbieren und in dünne Scheiben schneiden. Schinkenspeck klein würfeln. Im heißen Schmalz Zwiebeln und Schinken goldgelb ausbraten.

Das Erbspüree mit den Eisbeinen auf Tellern anrichten und die Zwiebel-Schinken-Mischung darübergeben.

Mathias Richling

Gebratene Horu-Nezumí an schwäbischem Kartoffelsalat

Aus die Maus.

»Horu-Nezumí ist hierzulande weitgehend unbekannt und heißt übersetzt: Wühlmaus. Deshalb ist dieses Gericht auch den Berliner ›Wühlmäusen‹ gewidmet.« Namensgebend für das Kabarett war übrigens eine Maus, die während einer der ersten Proben friedlich auf dem Klavier saß und zuhörte. Doch während manche Mäuse zu Namenspatronen werden, landen andere im Kochtopf. Ein Mäuseleben!

»Besonders in den ländlichen Gebieten Japans ist diese fernöstliche Spezialität beliebt.« Dabei sind Nagetiere keineswegs nur eine asiatische Delikatesse. In der ehemaligen DDR waren Nutrias, auch bekannt als Biberratten, ein geschätztes Genussmittel.

Beim beiliegenden Kartoffelsalat zeigt sich Deutschland geteilter Meinung: mit oder ohne Mayonnaise und Gurken. Gewürfelt oder in Scheiben. Ein schwäbisches Sprichwort heißt: »Kommst du neu in ein Restaurant, bestelle zuerst Kartoffelsalat. Schmeckt er gut, dann komme wieder.«

»Zusammen mit der schwäbischen Variante des Kartoffelsalats – ohne Mayonnaise – sind die Horu-Nezumí nährstoffhaltig und eiweißreich und werden in Japan durchaus als Hauptgericht verzehrt.«

Gebratene Horu-Nezumí an schwäbischem Kartoffelsalat

Zutaten

für 4 Personen

12 Stück Horu-Nezumí
400 g Kartoffeln
1 Bund Estragon
4 EL Essig
4 EL Öl
¼ l warme Fleischbrühe
20 g Brunnenkresse

Zubereitung

Die Nezumí unter der Gasflamme abflämmen.
Wie bei Hase oder Kaninchen die Reste des Fells abschaben.
Die Nezumí auf ein Blech oder in eine entsprechende Form legen und im vorgeheizten Backofen bei 180 °C 20 Minuten braten.

Kartoffeln waschen, gar kochen und abkühlen lassen. Dann pellen und würfeln. Estragon waschen und fein hacken. Kartoffelwürfel mit Essig, Öl, Fleischbrühe und Estragon vermengen.

Brunnenkresse waschen und fein hacken.

Brust und Keulen von den Nezumí abtrennen und zusammen mit Kartoffelsalat und Brunnenkresse auf Tellern anrichten.

Zu den Comedians

Ingo Appelt

Ingo Appelt ist sich sicher, dass er in seiner Komikerkarriere keine Peinlichkeit ausgelassen hat. Seit 1993 bringt er seine Zuschauer mit oft schwarzem Humor zum Lachen. Bekannt wurde er mit diversen Fernsehauftritten bei »RTL Samstag Nacht« und im »Quatsch Comedy Club«.

www.ingoappelt.de

Stephan Bauer

Stephan Bauer braucht kein Inventar auf der Bühne, denn er hat Geschichten im Gepäck. 1992 stand er mit seinem ersten Soloprogramm als Kabarettist auf der Bühne.

Bekannt wurde er vor allem durch Auftritte bei »7 Tage – 7 Köpfe« und »Mitternachtsspitzen«. Seither nimmt er gerne die Spaß- und Wohlstandsgesellschaft aufs Korn.

www.stephanbauer.de

Martin Buchholz

Martin Buchholz hasst Stillstand und bezeichnet sich selbst als satirischen Zappel-Philipp. Nach zwanzigjähriger Arbeit als Journalist und Redakteur wechselte er 1982 auf die Bühne des politischen Kabaretts. Er publiziert weiterhin als satirischer Schriftsteller und Kolumnist.

www.martin-buchholz.de

Gabi Decker

Gabi Decker karikiert weibliche Prototypen, die jeder kennt: Politesse, Karrierefrau, Domina. Nachdem sie jahrelang hinter den Kulissen als Gagschreiberin arbeitete, trat sie 1994 mit ihrem ersten Soloprogramm in den Vordergrund. Seitdem parodiert sie einen skurrilen Geschlechterkrampf auf zahlreichen Fernseh- und Theaterbühnen.

www.gabidecker.de

John Doyle

John Doyle sieht die alltäglichen Stolperfallen und Fettnäpfe der Deutschen mit den Augen eines Amerikaners. Nach seinem Studium in den Fächern Journalismus und Theaterwissenschaft ging er als Journalist nach Deutschland, wo er 1996 seine Karriere als Comedian startete. Es folgten zahlreiche Auftritte im deutschen Fernsehen.

www.johndoyle.de

Tom Gerhardt

Obwohl man bei ihm zunächst an Dackel und Hausmeister denkt, ist Tom Gerhardt vor allem Film- und Bühnenschauspieler. In zwölf Kinofilmen und fünf Bühnenprogrammen hat der studierte Germanist den »kleinen Leuten« ein Denkmal gesetzt – ziemlich derb, aber immer herzlich.

www. tom-gerhardt.de

Sascha Grammel

Sascha Grammel gibt seinen Puppen menschliche Züge: Sie kämpfen mit dem Gewicht, schämen sich und sind verliebt. Seit 1997 erobert er mit einem schielenden Vogel, einem durchgeknallten Professor und einer zuckersüßen Schildkröte die deutsche Comedyszene. 2007 gründete er das Benefiz-Projekt LACHEN TUT GUTes!

www.saschagrammel.de

Robert Louis Griesbach

Robert Louis Griesbach ist ein Tausendsassa: Er spielt Theater, führt Regie, schreibt Kolumnen, moderiert und ist Synchronsprecher. Von 2004 bis 2008 spielte er im legendären Spiegelzelt »Pomp, Duck and Circumstances« in unterschiedlichen Rollen den Störenfried. Seit 2007 bringt er auch als regelmäßiger Gast auf den Kreuzfahrtschiffen der AIDA das Publikum zum Lachen.

www.griesbach.de

Dieter Hallervorden

Dieter Hallervorden ist der wohl bekannteste Komiker Deutschlands. Bis heute feiert er nicht nur als Kabarettist, Schauspieler, Sänger und Moderator im Fernsehen und auf der Bühne große Erfolge – er leitet auch zwei eigene Theater: Die Wühlmäuse und das Schlosspark-theater, beide in Berlin. Zu seinen bekanntesten Sketchen zählen Der Zumsel, Palim-Palim und Die Kuh Elsa.

www.didipage.de

Bernhard Hoëcker

Bernhard Hoëcker gründete 1991 die Kleinkunstgruppe »Comedy Crocodiles«, woraufhin zahlreiche Engagements als Schauspieler und Comedian folgten. Sein erster Auftritt bei »Switch« im Jahr 1997 machte ihn deutschlandweit bekannt. Seither ist er aus vielen TV-Shows nicht mehr wegzudenken.

ww.bernhard-hoecker.de

Jess Jochimsen

Jess Jochimsen braucht nicht mehr als ein Akkordeon, eine Gitarre und einen Diaprojektor. Er tourt seit 1995 über die deutschsprachigen Kleinkunst- und Fernsehbühnen. Von 2000 bis 2008 moderierte er die Literatursendung »Die Vorleser« im WDR-Hörfunk. Zwei der Geschichten aus seinen Büchern stehen heute sogar in deutschen Schulbüchern.

www.jessjochimsen.de

Irmgard Knef

Irmgard Knef, die lang verkannte Zwillingsschwester von Hildegard Knef, ist 1996 in der subkulturellen Szene in Berlin-Kreuzberg geboren und heißt eigentlich Ulrich Michael Heissig. Seither singt, swingt und plaudert der frühere Theaterregisseur Heissig über die deutschsprachigen Kabarettbühnen.

www.irmgardknef.de

LaLeLu

LaLeLu verdanken ihren Namen dem berühmten Schlaflied, sind jedoch alles andere als einschläfernd. Die A-cappella-Comedy-Truppe besteht aus den Sängern Tobias Hanf, Jan Melzer,

Sören Sieg und Sanna Nyman. Seit 1995 begeistern sie ihr Publikum mit einem Mix aus Gesang und Komik, Satire und Parodie und den wohl skurrilsten Liedtexten.

www.lalelu.de

Ole Lehmann

Ole Lehmann begann mit 16 Jahren als DJ. Nach mehreren Jahren an den Plattentellern der Großraum-Diskotheken absolvierte er eine klassische Ausbildung zum Musicaldarsteller. Nach diversen Engagements in Musicalproduktionen entdeckte er 1993 sein komödiantisches Talent und ist seitdem häufig Kabarettgast, unter anderem im »Quatsch Comedy Club«.

www.olelehmann.de

Jürgen von der Lippe

Jürgen von der Lippe ist aus der deutschen Comedyszene nicht wegzudenken. Nach einem Studium der Germanistik, Philosophie und Linguistik gelang ihm 1984 mit den Fernsehsendungen »So isses« und »Geld oder Liebe« der Durchbruch. Mit seinen Fernseh- und Bühnenprogrammen feierte er unzählige Erfolge.

www.juergenvonderlippe.de

Harald Martenstein

Harald Martenstein ist ein Mann mit gesunder Skepsis und fragt sich stets: Was würde eigentlich passieren, wenn die sich alle irrten? Deshalb zählt er auch zu Deutschlands bekanntesten Kolumnisten. Seit 2008 tritt er gemeinsam mit dem Kolumnisten Rainer Erlinger in einer »Moral-Show« auf und ist zu Lesungen aus seinen Büchern deutschlandweit unterwegs.

Malediva

Tetta Müller und Lo Malinke sind das selbstironischste homosexuelle Ehepaar auf deutschsprachigen Bühnen. Noch in Studienzeiten gründeten sie 1997 das Chanson- und Kabarettduo Malediva, das später durch den Komponisten und Pianisten Florian Ludewig zu einem Trio wurde. In ihren Texten und Liedern verarbeiten sie häufig zwischenmenschliche Beziehungen. Vor allem ihre eigenen.

www.malediva.de

Petra Nadolny

Petra Nadolny gründete in den Achtzigern eine der ersten freien Theatergruppen, die es in der DDR gab. Seit 1997 gehört sie zum TV-Satire-Ensemble von »Switch« und parodiert dort in bisher über hundert Folgen viele Promi-Frauen. Seitdem ist sie auch in anderen Fernsehserien und im Film präsent. Sie liebt ihren Job als Komikerin, denn sie findet, dass Humor genauso in den Bauch geht wie ein gutes Essen!

www.petra-nadolny.de

Hans Werner Olm

Hans Werner Olm spielt gerne derbe Charaktere wie seine Figur Luise Koschinsky. Nach der Ausbildung als Konditor gründete er 1976 die Gebrüder Blattschuss. Nach vielfachen Fernseh- und Filmauftritten startete 2002 seine eigene wöchentliche TV-Show »OLM!«. Seither arbeitet er als Gagschreiber, Radiomoderator und Stand-Up-Comedian.

www.hanswernerolmshop.de

Sissi Perlinger

Sissi Perlinger ist ein Multitalent: Sie absolvierte eine Schauspielausbildung, eine Gesangsausbildung in Klassik, Jazz und Pop und eine Tanzausbildung in Ballett und Jazz. So gewappnet begann sie schon 1986 mit dem Schreiben eigener Bühnenprogramme und wirkt seit 1990 in etlichen Filmen, Serien, Komödien und Comedyshows mit.

www.sissi-perlinger.de

Andreas Rebers

Andreas Rebers begeht gerne den kalkulierten Tabubruch: boshafte Lieder, Dachlattenpädagogik oder neue Religionen gründen. 1989 begann er neben der Leitung der Schauspielmusik am Staatstheater in Braunschweig seine Laufbahn als Kabarettist, die ihn bis heute durch die gesamte deutschsprachige Theater- und Medienlandschaft führt.

www.andreasrebers.de

Thomas Reis

Thomas Reis ist seit über 20 Jahren ein scharfzüngiger Wortakrobat. 1985 gründete er das Kabarettensemble »Duo Vital«. Daraufhin folgten zahlreiche Kabarettprogramme. Von 1993 bis 1996 gab er in der TV-Sendung »DAS!« einen satirischen Wochenrückblick. Seine langjährige Bühnentätigkeit führte ihn bis heute durch alle großen deutschen Theater.

Über: www.theatertransfer.de

Mathias Richling

Mathias Richling parodiert seit über 20 Jahren mit scharfer Zunge Charaktere aus Politik und Show. Deutschlandweit bekannt wurde er 1988 durch die Fernsehsendung »Jetzt schlägt's Richling«. Später gehörte er mehrere Jahre zum Team der ARD-Sendung »Scheibenwischer« und moderierte bis 2011 den »Satire-Gipfel«.

www.mathias-richling.de

Horst Schroth

Horst Schroth lernte einen großen Teil seines Handwerks im Straßentheater. Bereits während seines Studiums arbeitete er als Regieassistent und Schauspieler. 1970 gründete er die freie Theatergruppe »Theater zwischen Tür und Angel«, bevor er sich ab 1980 ganz dem Kabarett widmete. Seither tritt er in allen namhaften Kabarettsendungen auf.

www.horstschroth.de

Olaf Schubert

Olaf Schubert eroberte als sympathischer Verlierertyp mit Rautenpullunder und sächsischem Dialekt die deutsche Comedy-Bühne. Nach seinem Musik- und Architekturstudium tourte er ab Ende 1994 mit Liedermacherkonzerten durch Deutschland, woraufhin Gastspiele im Fernsehen und Radio folgten. Seitdem lebt und arbeitet er erfolgreich als freischaffender Betroffenheitslyriker.

www.olaf-schubert.de

Serdar Somuncu

Serdar Somuncu rechnet gerne auf komische Weise mit allerlei Medien ab. Nach einem Studium der Musik, Schauspielerei und Regie wurde er 1996 mit seiner szenischen Lesung von Hitlers »Mein Kampf« bekannt. Seitdem zieht er die Boulevardpresse und das Comedy-Business selbst auf. 2011 veröffentlichte er sein erstes Musikalbum.

www.somuncu.de

Uwe Steimle

Uwe Steimle wird die Erfindung der Wortschöpfung »Ostalgie« nachgesagt. Nach Engagements am Staatstheater Dresden wurde er 1993 als vorlauter Hauptkommissar in der TV-Krimireihe »Polizeiruf 110« überregional bekannt. Die ehemalige DDR und seine Rolle als Heranwachsender darin sind bis heute die Lieblingsthemen seiner Programme und Bücher.

www.uwesteimle.de

Bernd Stelter

Bernd Stelter ist nach eigener Aussage eine Rampensau, und sosehr er Fernsehproduktionen mag, ist doch die Bühne sein liebstes Terrain. Seine Karriere begann Anfang der 1980er-Jahre im Kölner Karneval und mit einigen Musikveröffentlichungen. In den 1990er-Jahren wurde er dann als Stammmitglied der Comedysendung »7 Tage – 7 Köpfe« deutschlandweit bekannt.

www.berndstelter.de

Gayle Tufts

Gayle Tufts fühlt sich in vielen Genres zu Hause: Bühne, Radio, Fernsehen, Bücher und Magazine. Sie studierte Schauspiel, Gesang und Tanz und kam erstmals 1984 als Regisseurin und Performerin nach Berlin. Seitdem ist sie oft gesehener Gast im deutschen Fernsehen und Theater. Ihr Markenzeichen ist das »Denglish«, eine Mischung aus Deutsch und Englisch.

www.gayle-tufts.de

Emmi & Herr Willnowsky

Emmi & Herr Willnowsky sind wohl das seltsamste Ehepaar auf Deutschlands Bühnen. Seit 1996 lassen der Damenimitator Christoph Dompke und der Kabarettist und Musiker Christian Willner auf der Bühne mit Musik ihre Frustrationen aneinander aus. Denn voneinander lassen können sie sowieso nicht.

www.emmi-online.de

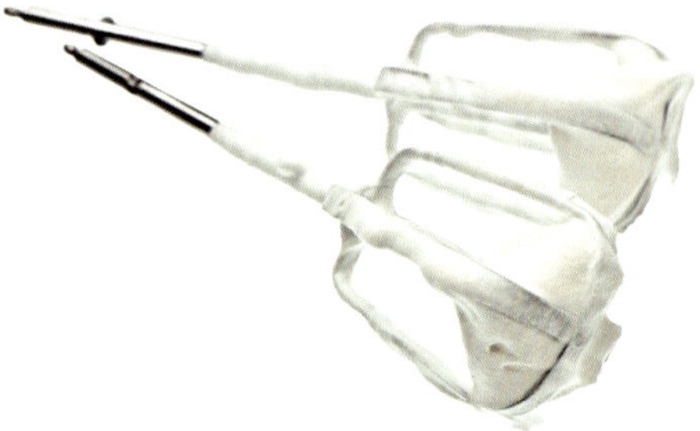

Der Herausgeber

Thomas Lardon hat einige Bestseller zum Thema Comedy herausgegeben (unter anderem mit Harald Schmidt) und liebt das Kabarett genauso wie das Kochen. Mit diesem Buch wird ein Trauma wahr: Zwei Welten prallen aufeinander, die unterschiedlicher nicht sein könnten – und sie vertragen sich doch!

Rezeptregister

Zutatenregister

Abbildungsnachweis

Seite 4 © karandaev / Fotolia.com

Seite 8 Stephan Pick / © MTS GmbH

Robert Louis Griesbach Künstler / Archiv (S. 10); © Ginet-Drin / Photocuisine.de (S. 12); © Renée Comet / Stockfood.de (S. 13)

Horst Schroth Künstler / Archiv (S. 14); © Wolfgang Schardt / Stockfood.de (S. 17)

Tom Gerhardt © Steffi Henn (S. 18); © Subiros / Photocuisine.de (S. 21); © Fotolia.com (S. 21)

Jürgen von der Lippe © André Kowalski (S. 22); © Xebeche / Fotolia.com (S. 24); © photocrew / Fotolia.com (S. 25)

Gayle Tufts © Tom Wagner (S. 26); © Mettoudi / Photocuisine.de (S. 28); © Nicol / Photocuisine.de (S. 29)

Ingo Appelt ©Peter Schaffrath (S. 30); © Gaurier / Photocuisine.de (S. 32); © Joff Lee Studios / Stockfood.de (S. 33)

Sissi Perlinger © Südwest Verlag / Jens van Zoest (S. 34); © Garcia / Photocuisine.de (S. 36); © Kesu / Fotolia.com (S. 37)

Sascha Grammel © P Wamsganz (S. 38); © Garcia / Photocuisine.de (S. 40); © Viel / Photocuisine.de (S. 41)

Thomas Reis Künstler / Archiv (S. 42); © Food & Drink / Photocuisine.de (S. 44); © Kiefer / Photocuisine.de (S. 45)

Serdar Somuncu Künstler / Archiv (S. 46); © Nikouline / Photocuisine.de (S. 49)

Gabi Decker © GaFelix Rachor (S. 50); © Wolfgang Schardt / Stockfood.de (S. 53)

John Doyle Künstler / Archiv (S. 54); © Marielle / Photocuisine.de (S. 57); © Gelberger / Photocuisine.de (S. 59)

Jess Jochimsen © Achim Hehn (S. 60); © Veigas / Photocuisine.de (S. 62); © unpict / Fotolia.com (S. 63); © Bichon / Photo-cuisine.de (S. 63); © Amiel / Photocuisine.de (S. 63); © Desgrieux / Photocuisine.de (S. 63)

Olaf Schubert Künstler / Archiv (S. 64); © Langot / Photocuisine.de (S. 66); © Norris / Photocuisine.de (S. 67)

Uwe Steimle Künstler / Archiv (S. 68); © Carmen Steiner / Fotolia.com (S. 71)

Malediva © Robert Recker (S. 72); © by-studio / Fotolia.com (S. 74); © Viel / Photocuisine.de (S. 75)

Martin Buchholz Künstler / Archiv (S. 76); © Bono / Photo-cuisine.de (S. 79)

Irmgard Knef Künstler / Archiv (S. 80); © sebastianreuter / Fotolia.com (S. 82); © Jo Kirchherr / Stockfood.de (S. 83); © Food & Drink / Photocuisine.de (S. 83)

Petra Nadolny © Olivier Favre (S. 84); © babimu / Fotolia.com (S. 86); © Barbara Pheby / Fotolia.com (S. 87)

Dieter Hallervorden © C. Sander (S. 88); © Food & Drink / Photocuisine.de (S. 90); © Rivière / Photocuisine.de (S. 91)

Ole Lehmann Künstler / Archiv (S. 92); © Hall / Photocuisine.de (S. 94); © Gelberger / Photocuisine.de (S. 95)

Stephan Bauer Künstler / Archiv (S. 96); © unpict / Fotolia.com (S. 98); © Nikouline / Photocuisine.de (S. 99)

Bernhard Hoëcker Künstler / Archiv (S. 100); © Caste / Photocuisine.de (S. 103)

LaLeLu Künstler / Archiv (S. 104); © Norris / Photocuisine.de (S. 107); © Bagros / Photocuisine.de (S. 107)

Harald Martenstein Künstler / Archiv (S. 108); © Dudarev Mikhail / Fotolia.com (S. 110); © Comugnero Silvana / Fotolia.com (S. 111)

Bernd Stelter © Manfred Eßer (S. 112); © Fondacci/Markezana / Photocuisine.de (S. 115)

Andreas Rebers © Janine Guldener (S. 116); © Rob Stark / Fotolia.com (S. 118); © StefanieB. / Fotolia.com (S. 119); © Trizeps Photography / Photocuisine.de (S. 119)

Hans Werner Olm © Uwe Hallig (S. 120); © Caste / Photocuisine.de (S. 122); © Amiel / Photocuisine.de (S. 123)

Emmi & Herr Willnowsky © Sker und Dag (S. 124); Garcia / Photocuisine.de (S. 126); © Radvaner / Photocuisine.de (S. 127); © Taillard / Photocuisine.de (S. 127)

Mathias Richling © Helmut Bertl (S. 128); © mickey120 / Fotolia.com (S. 130); © Sultan / Photocuisine.de (S. 131)

Seite 132 © Garcia / Photocuisine.de

Seite 133 © Veigas / Photocuisine.de

Seite 134 © Ginet-Drin / Photocuisine.de

Seite 135 © Taillard / Photocuisine.de

Seite 136 © Food & Drink / Photocuisine.de, © Renaudin / Photocuisine.de

Seite 137 © unpict / Fotolia.com

Seite 138 © Garcia / Photocuisine.de

Seite 139 © Guedes / Photocuisine.de

Seite 140 © by-studio / Fotolia.com

Seite 141 © Ryman / Photocuisine.de

Seite 144 © Liddy Hansdottir / Fotolia.com

Die Wühlmäuse

Berliner Kabarett-Theater

Dieses Buch wurde gemeinsam mit einer der großen Kabarettbühnen in Deutschland entwickelt. „Die Wühlmäuse“ haben eine ganz besondere Geschichte:

Im Dezember 1960 gründete Dieter Hallervorden mit einigen Schauspielkollegen sein Kabarett-Theater. Das erste Domizil des Theaters lag in der ehemaligen Scala in Schöneberg (Martin-Luther-Straße). Der Umzug in das wesentlich größere „Theater an der Lietzenburger“ war ein großes Risiko, aber das Ensemble der Wühlmäuse konnte schnell einen Namen mit politisch-satirischen Kabarettprogrammen machen. Man löste sich vom „Nummernkabarett“ zugunsten eines Kabarettprogramms mit durchgehenden Rollen und einem roten Handlungsfaden. Von nun an wurden politische und sozialkritische Themen nicht mehr in kurzen Gags angeleuchtet, sondern von verschiedenen Blickwinkeln in zahlreichen Szenen gründlich angegangen. Presse und Publikum schenkten dieser neuen Form des kabarettistischen Theaters große Beachtung und bestärkten die Wühlmäuse, auf diesem Weg fortzufahren.

In den siebziger Jahren entwickelte Dieter Hallervorden seine Didi-Figur. Die Bühnenprogramme wurden fernsehgerecht adaptiert, und das Theater fungierte überwiegend als Gastspieltheater, in dem renommierte Kabarettisten und Komiker ihre Berliner Heimstätte fanden. Im Jahre 1986 entschloss sich der Hausherr zum Theaterumbau: ansteigende Bestuhlung, Klimaanlage, Modernisierung der Technik – das Theater zeigte sich in neuem Glanze.

Im Januar 1992 kehrte Dieter Hallervorden zu seinen Wurzeln, dem politischen Kabarett, zurück. Er gründete die Filmgesellschaft „HALLIWOOD“ und produzierte 21 Sendungen des zeitkritischen Magazins SPOTTSCHAU für SAT 1, kehrte aber im Dezember 1994 zur ARD zurück und produzierte mit dem SFB die Satire-Serie HALLERVORDENS SPOTT-LIGHT. Nach 75 erfolgreichen Folgen nahm Hallervorden von SPOTT-LIGHT eine Aus-Zeit und produzierte 12 Folgen einer grotesken Familienserie ohne Familie: ZEBRALLA!.

Zum Anlass des 40-jährigen Bestehens des Theaters zogen die „Wühlmäuse“ im März 2000 in ihr neues Domizil am Theodor-Heuss-Platz. Der ehemalige Naafi-Club der britischen Besatzungsmacht wurde großzügig umgebaut, behielt aber den intimen Charakter eines Kleinkunsthauses bei. Das Programm umfasst heute etablierte Künstler aus dem Kabarett- und Comedy-Bereich, z.B. Dieter Nuhr, Mathias Richling, Martin Buchholz, Georg Schramm, Ingo Appelt oder Gabi Decker. Aber auch die Entdeckungen der letzten Jahre, u.a. Matthias Egersdörfer, Kay Ray, Timo Wopp und Horst Evers sind regelmäßige Gäste. Konzerte z.B. von Karat und Heinz-Rudolf Kunze sowie Lesungen von Jürgen von der Lippe, Steffen Möller, Axel Hacke u.a. runden das vielfältige Programm ab. Im Juni 2001 rief Hallervorden „Das Große Kleinkunstfestival“ ins Leben, das seitdem vom RBB live ausgestrahlt und von Dieter Nuhr moderiert wird.

Im Oktober 2001 startete er – nach 33 Jahren – sein 2. Solo-Programm: „Am achten Tag schuf Gott den Rechtsanwalt“, im März 2004 folgte in Zusammenarbeit mit dem Anhaltischen Theater Dessau das Theaterstück „Dinner für Spinner“. Wer Hallervordens Berufsweg verfolgt hat, der weiß: Er liebt die Abwechslung. So stand er im Juli 2004 zum ersten Mal in einem weitgehend musikalischen Programm als Solist auf der Bühne – gemeinsam mit dem Kai-Rautenberg-Sextett. Der Titel des Programms: „Mit dem Gesicht ...“, Untertitel: Taktvolle Bekenntnisse. Und da man mit 70 immer noch Träume hat, gab es aus gegebenem Anlass eine große Primetime-Geburtstagsgala in der ARD.

Aktuell kümmert er sich neben den Wühlmäusen um das Schlosspark-Theater in Berlin-Steglitz. Das Sprechtheater öffnete am 01. September 2009 wieder seine Pforten. Dieter Hallervorden ist dort in anderen Rollen als gewohnt zu sehen und bleibt dabei höchst sehenswert. Nicht ganz ohne Stolz sei erwähnt, dass „Die Wühlmäuse“ seit 1960, also seit über 50 Jahren, ohne jede Subvention über die Runden gekommen sind!

Die Wühlmäuse
Berliner Kabarett-Theater

– GUTSCHEIN –

Bei Vorlage dieses Gutscheins erhalten Sie zwei Karten zum Preis von einer Karte für eine Veranstaltung im Berliner Kabarett-Theater „Die Wühlmäuse“.

Dazu bitte das Comedy-Kochbuch mitbringen und diese Seite abstempeln lassen – oder diesen Gutschein vorsichtig heraustrennen.

Gültigkeit: Sonntag bis Donnerstag an der Abendkasse ohne Vorreservierung. Bei ausverkauften Vorstellungen besteht kein Anspruch auf Karten.

Tel. 030-30 67 30 11 | www.wuehlmaeuse.de

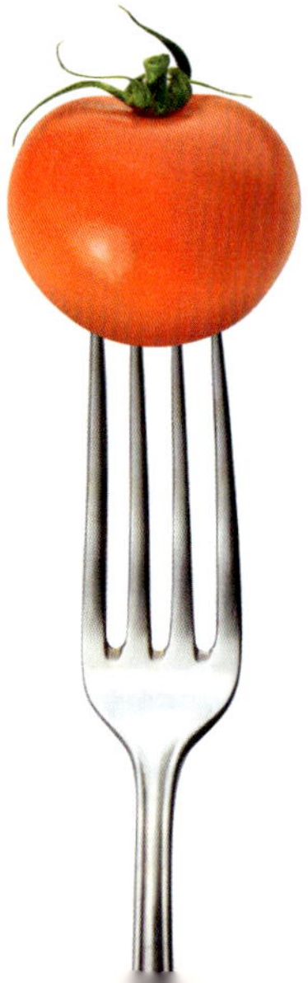